W0376661

Leben in der Wildnis

Für Debra, meine Gefährtin, die mich trotz meiner Selbstzweifel
und all der Rückschläge, trotz der vielen Reisen,
die mich weit fort von ihr und den Kindern führten,
immer geduldig unterstützt hat, den Weg zu gehen, den mir
meine Fragen wiesen.

Leben in der Wildnis

Begegnungen mit Aussteigern

Éric Valli

In Zusammenarbeit mit Aurélie Taupin

Aus dem Französischen von Regine Schmidt
und Maja Ueberle-Pfaff

KNESEBECK

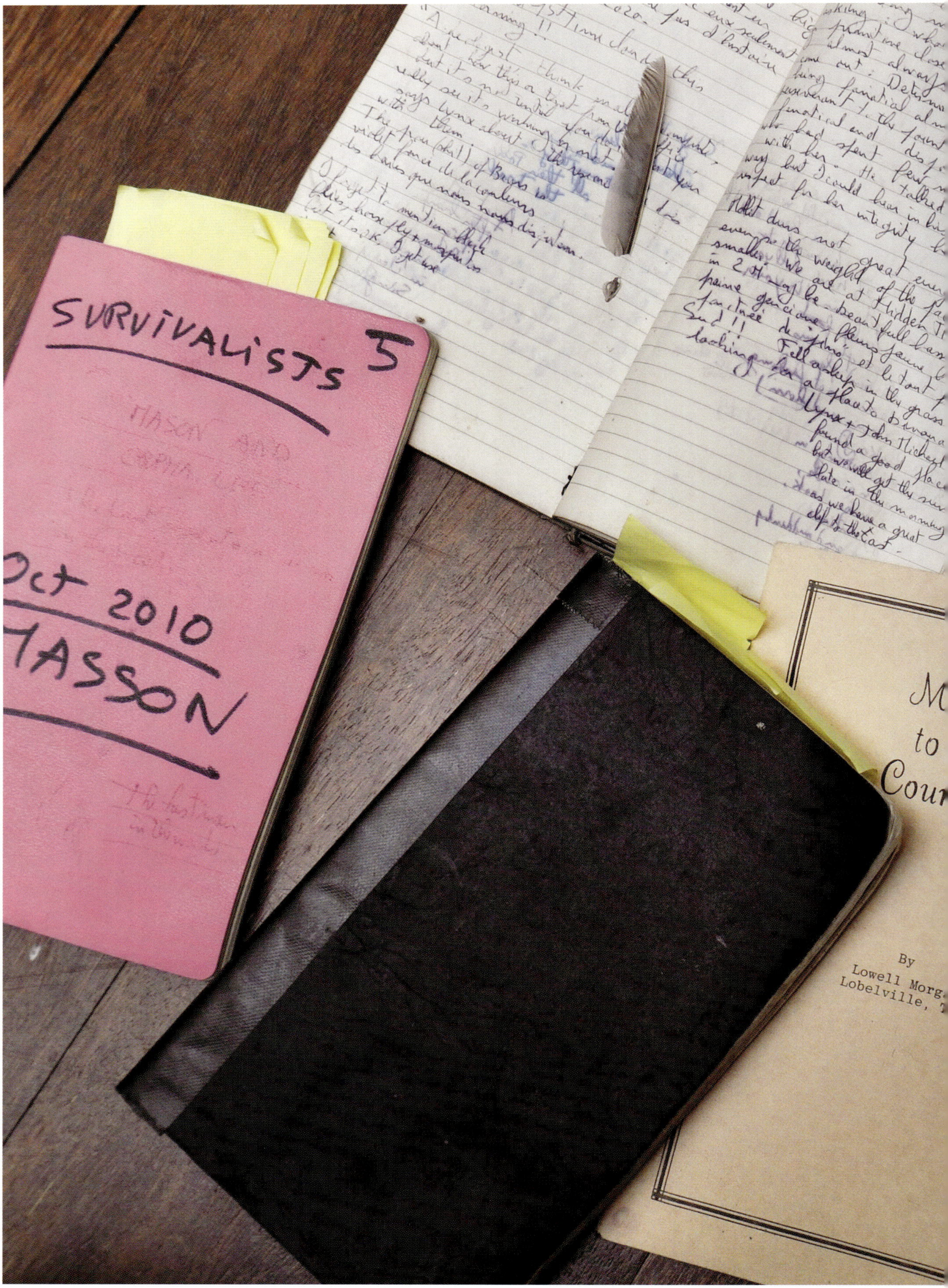
SURVIVALISTS 5
Oct 2010
MASSON
By
Lowell Morg
Lobelville,

SURVIVALIST
LAKE
WILDERNESS
RECREATION
LOWELL MORGAN
I have no time for you...
"This wheels have 4 legs."
talking about Mason
we walk through the wood from
his house and can discover a
house through the trees – He
gets a 36 caliber auto gun
and shoots!!! to his right in
the ground!!!
Yaa, you see
they are a young couple not
married for long if you know
what I mean....
In the restaurant as I ge
(Wendel Barry.)
LE PATRIARCHE
If you come here to take picts
write look of aunt me
for you, If you come
to learn how to live our way,
learn about mules, wood....
all the time you want to teach
You take a plot of land,

Ich habe mein Leben damit verbracht, mich in das der anderen einzumischen und unter äußerst riskanten Bedingungen von diesen Erfahrungen zu berichten. Indem ich meiner Neugier folgte und manchmal abgrundtiefe Unterschiede überwand, habe ich echte Freunde gefunden. Mir erschien es immer wie ein Wunder, dass sie ihre Begeisterung und ihre gute Laune auch mir als Neuling gegenüber nie verloren. Was für ein Glück für einen Reisenden, seinen Weg so zu gehen.

Nun reise ich kreuz und quer durch das weite Amerika, wie ich früher kreuz und quer durch den Himalaya gereist bin. Ich fahre auf Straßen, wie ich früher auf Fußpfaden gewandert bin, auf der Suche nach dem Honigjäger Mani Lal, dem Karawanenführer Tinlé, dem Hirten Nanda Lal …

Mit Fotos, die ich im Vorbeifahren durch das Autofenster aufgenommen hatte, wollte ich eine Spur der Landschaften bewahren, die ich im Laufe dieser zweijährigen Reise durchquert habe.

2009, San Francisco. Ich erinnere mich, wie ich vor zwei Jahren an diesem großen Tisch einem der Experten des globalen Ölfördermaximums, Richard Heinberg[1], gegenübersaß.

Ich frage ihn nach seiner Sichtweise der Welt. Seine dunklen, sehr lebhaften Augen ruhen einen Moment lang auf mir, dann macht er sich an eine sachliche Analyse der Lage und setzt die immer geringer werdenden Ressourcen unseres Planeten in Bezug zu dem riesigen Verbrauch durch uns Menschen. Seine Musikerhände begleiten seine Ausführungen, während sein entschlossener Gesichtsausdruck ganz lebendig wird. Ich höre ihm zu. Seine Rede ist mit Fakten untermauert; der Mann weiß in der Tat, wovon er spricht.

Ihm zufolge ist die Krise zum Teil auf falsche Wirtschaftspolitik, Misswirtschaft oder Korruption zurückzuführen, doch reichen die Ursachen seiner Meinung nach viel weiter zurück. Mehr und mehr müssen wir uns über die Verteilung der geringer werdenden Ressourcen einigen – oder um diese kämpfen –, und wir wollen das nicht einsehen. Verstanden habe ich die Zusammenhänge eigentlich immer, aber so, wie er nun klar und präzise Fakten und Zahlen aneinanderreiht, wird mir die Situation zum ersten Mal wirklich bewusst.

Der Pfadfinder erwacht ziemlich spät in mir ... Ich wäge in diesem Augenblick den Zustand der Welt und ihre Gefährdung ab. »Richard, sind Sie nicht ein bisschen pessimistisch?« – »Nein«, antwortet er mir ruhig, »ich habe Zugang zu den Zahlen, zum Stand der Energiereserven; ich bin nur realistisch.«

An dem Tag spricht er mit mir über das Erdöl in Saudi-Arabien und über die Diskrepanz zwischen den Informationen, die zu uns gelangen, und der Realität. Richard weiß bereits, was die breite Öffentlichkeit erst zwei Jahre später, Anfang 2011, durch WikiLeaks erfährt, nämlich, dass der weltgrößte Erdölproduzent den Zustand seiner Reserven aus politischen und wirtschaftlichen Gründen wissentlich überschätzt.[2]

Bei mir überstürzen sich die Fragen. »Wer kennt solche maßgeblichen Fakten?« Richard lächelt ... »Die Politiker selbstverständlich, doch ihr Interesse besteht darin, wiedergewählt zu werden. Sie können sich keine Wählerstimmen sichern, wenn sie eine düstere Zu-

1. Richard Heinberg, Öl-Ende: »The Party's Over« – Die Zukunft der industrialisierten Welt ohne Öl, München: Riemann Verlag 2008 (erweiterte und aktualisierte Neuausgabe der Ausgabe von 2004).

2. Artikel von Matthieu Auzanneau, online unter http://petrole.blog.lemonde.fr/2011/02/09/wikileaks-larabiesaoudite-ne-peut-plus-guereaugmenter-sa-production-de-brut/

kunft in Aussicht stellen. Daher weichen sie aus, verschleiern, lenken ab ...«

»Wenn man die Geschichte betrachtet, wird einem bewusst, dass Regierungen bei großen Reformbewegungen selten die Führung übernehmen; zumeist werden diese vom Volk durchgesetzt ...« – »Was ist die Lösung, Richard?« – »Ein einfacheres Leben, mehr lokale Strukturen«, antwortet er kurz. Diese Wahrheit klingt völlig selbstverständlich für mich, habe ich doch den größten Teil meines Lebens bei abgeschiedenen Völkern verbracht. »Aber ... hier, in den Vereinigten Staaten, der Speerspitze des Konsums, gibt es da Leute, die sich dessen nicht nur bewusst sind, sondern auch handeln?« – »Klar, Éric.«

Wer sind diese Leute? Wie leben sie? Sind sie glücklich? Ich beschloss, sie kennenzulernen.

Und so machte ich mich auf den Weg und suchte nach dem anderen Amerika, das ich noch nicht kannte. Seit dem letzten Krieg hat Amerika weltweit unsere Kultur geprägt: mit dem Jazz, Hollywood, dem Web, der Werbung, Facebook ... Umso spannender ist es, im reichsten, mächtigsten und am stärksten entwickelten Land der Welt die Entstehung einer totalen Gegenbewegung mitzuerleben.

Das vorliegende Buch erzählt die Geschichte meiner Begegnung mit Menschen, die einen anderen Weg beschreiten, mit Robinsons, wie ich sie gerne nenne. Mit denen, die es geschafft haben, aus dem »System« auszusteigen, und versuchen, im Einklang mit der Natur zu leben. Diese Männer und Frauen haben sich entschieden, eine große Umkehr zu wagen, keine Spuren mehr zu hinterlassen, »leicht zu leben«, wie sie sagen. Ist es tatsächlich möglich, im 21. Jahrhundert derart außerhalb der Zeit zu existieren? Von Flughäfen zu Motels, von Sackgassendörfern zu überwältigenden Landschaften, von Kaninchenhöhlen zu Schlupflöchern bin ich ihnen auf der Spur, wie ein Trapper, mit Geduld und Beharrlichkeit. Ich zeige mich ebenso aufgeschlossen für Begegnungen wie offen gegenüber dem Zufall. Sie kennen sich alle mehr oder weniger. Einer schickt mich zum anderen, der mich wiederum an einen Dritten verweist ...

Sie vereinen in ihrer Persönlichkeit Starrköpfigkeit, Schönheit, Naivität und Widersprüche, aber auch Weisheit und Realitätssinn. Sie haben diese Aura, die Würde derer, die im Einklang mit sich selbst leben.

»They walk their words«, wörtlich: »Sie gehen ihre Worte«, wie die Amerikaner sagen: Sie leben ihr Ideal. Nur Einzelfälle? Eine Handvoll Leute, Hippies, ein paar fanatische Ökos, Radikale, übermäßige Puristen? Nein, sondern besonnene, fleißige, gesetzte, strukturierte Menschen. In den USA nennt man sie »off the grid«, wörtlich »Netzunabhängige«, und ihre Zahl wächst ständig.

2007 hatten auf amerikanischem Boden 300 000 Haushalte den Sprung gewagt.

2010, also nur drei Jahre später, waren es bereits 500 000[3]. Konkret stellen sie heute beinahe eine Million von insgesamt 305 Millionen Amerikanern dar. Erleben wir gerade die Entstehung einer Bewegung, die so nur in Amerika denkbar ist?

Ein zugleich faszinierendes und unbequemes Thema, wie ich bei meinen Verlegern, Produzenten und selbst einigen meiner Freunde

3. Nick Rosen, Off the grid, Penguin Books, 2010.

feststellen sollte. »Die sind halt ein bisschen beknackt, das wird niemanden interessieren!«, war eine häufige Reaktion. Solche Äußerungen verursachten bei mir nur eine weitergehende Neugier. Indem sie sich für den Ausstieg entschieden, hinterfragen diese Männer und Frauen die Grundlagen unserer Kultur. Sie zeigen mit dem Finger auf den Mythos vom unendlichen Fortschritt und stellen de facto unsere Gesellschaft, ihre Werte, unsere Denk- und Lebensweise infrage. Wenn ihre Entscheidung bei uns Unbehagen auslöst, dann vielleicht, weil darin etwas Wahres steckt.

Ich habe mich eingesetzt, argumentiert, gekämpft ... Doch im Jahr 2009 will die Presse nichts davon hören. Die Krise war allzu gegenwärtig. »Damned! Da gibt es eine Geschichte, die niemand sieht ... Ich kann nicht einfach nichts tun!«

Irgendetwas, das stärker ist als ich, bewirkt, dass ich mich auf den Weg zu meinen Ängsten mache. Ich bin vielleicht ein Idealist, aber wer hinterfragt heutzutage – oft ohne es sich einzugestehen – nicht seinen Lebensstil?

Kirche und Tabakscheune. Flüchtig erhaschter Blick irgendwo am Wegrand.

Gulf
Coca-Cola

Ich bin losgefahren. Ich habe die Städte und großen Straßen hinter mir gelassen. Ich habe das wilde, unbekannte Amerika erforscht, um dort eine »Gegenkultur« zu entdecken. Ich habe mich in den Bergen verirrt, habe Bärenfleisch-Hamburger und Eichhörnchenragout gegessen und »the fly over country« erforscht, dasjenige Amerika, das man sonst auf dem Weg von New York nach Los Angeles nonstop überfliegt. Ich habe gesehen, wie die Leute auf den kleinen Straßen dem Fremden zur Begrüßung winkten. Und ich habe sie getroffen: John im Südosten, Mason, Tod und Talia in der Mitte, Lynx im Nordwesten und noch viele andere.

Turtle Island

In New York war ich auf das erstaunliche Buch von Elizabeth Gilbert, The Last American, *gestoßen. Das war im Spätsommer 2009; so entdeckte ich zufällig die Lebensgeschichte von Eustace Conway, der Galionsfigur der »Off the grid«-Bewegung. Ein paar Wochen später befand ich mich bereits in den Wäldern von North Carolina, im Turtle Island Preserve, bei meinem ersten Ausstieg aus Raum und Zeit …*
Nach einem herzlichen Empfang weicht das Lächeln auf Eustaces Gesicht einer ernsten Miene. Der Mann mit den Zöpfchen vertrödelt seine Zeit nicht, sondern erweist sich als unermüdlicher Arbeiter. Kaum bin ich angekommen, spricht er mich auf meine Kompetenz als Schreiner an. Ich werde also zum Reparieren von Stühlen und Tischen herangezogen, während er seinen Schülern beibringt, wie man eine Kreissäge schärft. Die Vorstellung geschieht in knappen Worten, einer Handbewegung: »Éric, ein französischer Fotograf; meine diesjährigen Schüler.« Genauso effizient wie die Kurse, die er seit bald dreißig Jahren gibt.
Eustace war 17, als er die kleine Vorstadt, in der er geboren wurde, verließ. Er wollte autonom in der Natur leben und seine Kenntnisse weitergeben. Er hat seinen Traum verwirklicht: Außer dem halben Dutzend Praktikanten, die er ganzjährig aufnimmt, organisiert er jeden Sommer Schulprojekte in der Natur, damit die jungen Städter ihre Umwelt neu entdecken können. Sein Geheimnis? Nicht lange reden, sondern handeln.

Vorhergehende Doppelseite: Autowerkstatt in North Carolina.

Eustace Conway bringt den Praktikanten bei, wie man eine Kreissäge aus den 1930er-Jahren handhabt.

Ankunft im Turtle Island Preserve.

Praktikantin im Turtle Island Preserve.

Diese Reise wurde für mich zum Anlass, vieles infrage zu stellen und unsere Welt aus einem anderen Blickwinkel zu betrachten. Während ich unterwegs war, gerieten meine Gewissheiten ins Wanken … Wer von uns ist schon im Besitz der ganzen Wahrheit? Gibt es nicht vielmehr, wie so oft, unendliche Nuancen?

Zunächst hatte ich daran gedacht, diese Serie von Porträts *Die Wiedergeburt der Sippe* zu nennen. Doch diese Männer und Frauen bilden nicht wirklich »Sippen« im früher gebräuchlichen Sinn. Es handelt sich eher um Gruppen, die über ein großes, dünn besiedeltes Gebiet verstreut sind. Die einzigen Gelegenheiten, bei denen sie gegen ihren Vorsatz der Netzunabhängigkeit verstoßen, sind ihre Treffen. Mehrmals im Jahr versammeln sich Tausende von ihnen für ein paar Tage. Diese Treffen in der Ära des »Yes, we can« sind für mich ein lehrreiches Schauspiel. Ich beobachte alles: Fahrzeuge, Kleider, Frisuren, Haltungen, Gesten. Ich höre zu bei den Diskussionen, Bemerkungen und belausche sogar das Warten. Zweifellos treffe ich hier auf originelle, ein bisschen verrückte Leute, auf Pioniere … Aber sind sie wirklich verrückter als unsere Führungselite aus Politikern, Bankiers, Ökonomen, Wissenschaftlern und Hochschulabsolventen, die uns

dazu verleiten, über unsere Verhältnisse und die unseres Planeten zu leben? Sind sie fragwürdiger als diejenigen, die uns den x-ten Flachbildschirm, das soundsovielte Notebook oder Handy verkaufen wollen? Inkonsequenter als unsere Ingenieure und Industriemagnaten, die fortfahren, Produkte zu konzipieren, obwohl diese in Kürze veraltet sein werden? Wahnwitziger als die Angestellten der Finanzindustrie, die, um den Profit ihres Unternehmens zu steigern, sogar ihre eigenen Kunden um ihr Geld bringen? Betrügerischer als die geopolitischen Strategen, die vorgeben, unsere Demokratie zu verteidigen, und aus angeblicher Vaterlandsliebe Ressourcenkriege rechtfertigen?

Dieses Buch ist das Porträt eines unbekannten Amerika, das Resultat einer unerwarteten Gegenströmung ist und das sich hinterfragt, infrage stellt, selbstkritisch betrachtet … Wie kann man an die Zukunft denken, wenn die Hülle unseres Planeten zerbirst? Angesichts der sozialen und wirtschaftlichen Fehlentwicklungen, des Niedergangs des Bildungssystems, der Börsencrashs[4], der Ölkrise, des Wettlaufs um die Bodenschätze und, erst vor Kurzem, der Reaktorkatastrophen mit noch unabsehbaren Folgen ist bei manchen ein Bewusstsein dafür gewachsen. Müsste man nicht in der Tat ein neues Lebensmodell erfinden? Ein Modell,

Porträt von Snow Bear im Turtle Island Preserve.

4. Arianna Huffington, Third World America: How Our Politicians Are Abandoning the Middle Class and Betraying the American Dream, New York, The Crown Publishing Group, 2010.

bei dem keiner den anderen ausbeutet oder gegenwärtige bzw. künftige Bodenschätze plündert[5]? Eine Utopie? Nicht für diese Menschen.

Diese Bewegung existiert seit vielen Jahren, sie wuchs langsam, bis im Jahr 2005 der Hurrikan Katrina auf die Küste Louisianas zuraste. Als der größte Teil der Stadt New Orleans unter Wasser stand und mehr als tausend Tote zu beklagen waren, begannen viele Amerikaner zu zweifeln: »Wenn der mächtigste Staat der Welt nicht für unseren Schutz sorgen kann, müssen wir uns selbst darum kümmern.« Von da an war die Rückkehr zu einem unabhängigeren und freieren Leben nicht mehr nur die Sache einiger weniger; mit einem Mal wurde sie von Tausenden von Menschen als wünschenswert, ja sogar als das einzig Richtige angesehen. Durch die nicht enden wollende Krise von 2008, die Ölpest im Golf von Mexiko im Mai 2010 und unlängst die Nuklearkatastrophe von Fukushima im März 2011[6] wurden sie in ihren Überzeugungen nur bestärkt. Ist es so einfach? Kann eine Umkehr »die« Lösung sein?

Was würde geschehen, wenn einer der »off the grid« Lebenden sich ein Bein bräche, Krebs bekäme oder eines ihrer Kinder schwer krank würde? Diese Robinsons haben in der Regel eine gute körperliche Kondition und kennen sich mit Naturmedizin aus ... Gibt es zwischen ihrer radikalen Entscheidung und unserer Maßlosigkeit nicht so etwas wie einen goldenen Mittelweg? Philosophen, diverse Experten und Politiker denken darüber nach ... sie aber handeln. Im Kopf habe ich das Bild des Hamsters im Laufrad: Angestellte, die bis zur Depression, zur völligen Erschöpfung, dem Burn-out, arbeiten. Und wofür das alles? Wir haben nicht den nötigen Abstand. Wir vergessen, dass es vielleicht nur an uns liegt, ob wir aus dieser Sackgasse herauskommen ... »Das Leben ist nämlich viel einfacher, als man uns glauben machen will«, versichert mir einer der Robinsons und zählt mir an drei Fingern seiner Hand die in ihren Augen grundlegenden Dinge auf: Wohnung, Nahrung und Bildung.

Was sagen die Alten dazu? Meine Großmutter ist 96 Jahre alt. Ich sehe sie noch vor mir, als ich acht oder zehn war, wie sie die Schnecken ausschwemmen ließ, Gemüse aus dem Garten einmachte und den Löwenzahn aß, den wir Kinder gepflückt hatten ... Nur zwei Generationen später kennen wir diesen unmittelbaren Umgang mit der Natur nicht mehr.

Wir danken dem Leben für das, was es uns schenkt: Freunde, Nahrung, Unterstützung.

Eustace kauft sein Werkzeug auf dem Flohmarkt.

---

5. Dossier »Enter the Anthropocene: ›Age of Man‹«, in: National Geographic, Band 219, Nr. 3, März 2011.

6. Dossier »Énergie, pollution, consommation – Il faut changer de modèle!«, in: Alternatives économiques, Nr. 301, April 2011.

Der Vorhang

Ich höre Chris sagen: »Bis ich 22 war, hatte ich keine Ahnung, wo mein Essen herkam, wie es hergestellt wurde … Im Allgemeinen wissen wir nicht, woher unser Strom, unser Benzin und unser Wasser stammen. Zwischen uns und dem Ursprung dieser Produkte, die wir tagtäglich benutzen, ist ein Vorhang; heutzutage gibt es zu viele zwischengeschaltete Stellen. So entstehen ganze Imperien. Dadurch, dass man Leute von Vermittlern abhängig macht, kettet man sie nach und nach an ein bestimmtes Modell.«

Jeder der »Off the grid« hat eine besondere Geschichte, doch alle haben als Reaktion auf unsere Maßlosigkeit die »Netze« aufgegeben und kommen mir glücklich vor mit dem Leben, für das sie sich entschieden haben. Das Leben, das wir führen, scheint ihnen zu risikoreich, zu anfällig, zu sehr Gegebenheiten unterworfen, über die man – nach ihrer Einschätzung – die Kontrolle verliert. Dieses Abrutschen in Kontrollverlust haben sie gestoppt und beschlossen, die Zügel ihres Lebens wieder in die Hand zu nehmen.

Sie sagen Nein zum System. Sie haben sich der Herausforderung des Ausstiegs gestellt, und wenn man ihnen Glauben schenken will, geht es ihnen gut damit. Sie sind Jäger, Trapper oder Farmer im alten Stil, doch die meisten von ihnen begnügen sich einfach mit weniger und streben dabei stets nach dem besten, das heißt dem nachhaltigsten und verantwortlichsten Handeln. »Warum sollen wir uns nicht mit dem zufriedengeben, was wir hier haben?«, fragte mich Mason eines Tages, als er seinen Acker pflügte. Manche geben das Auto auf und kehren zu Pferdewagen zurück, während andere es zwar behalten, aber mit Speiseöl fahren.

In der Form unterschiedlich, aber im Inhalt ähnlich. In ihrer Analyse unseres üblichen westlichen Lebensmodells stimmen die Robinsons nämlich alle überein. Wie Liam und so viele andere prangern sie seine Schwachstellen an: »Die für unsere Gesellschaft charakteristi-

sche Überspezialisierung macht uns anfällig. Wenn ein Glied in der Kette fehlt oder ein Rädchen klemmt, stehen wir hilflos da, alles stockt wie in der aktuellen Krise.« Die »Off the grid« eignen sich dagegen die Fähigkeiten von Allroundern an, über die die Menschen verfügten, bevor sie sich zu komplexen Gesellschaften zusammenschlossen. Sie streben nach Selbstgenügsamkeit, und ganz konkret bauen, reparieren, pflanzen, jagen, sammeln und nähen sie.

Frei und verantwortlich

»Ich bin hier gelandet, weil ich festgestellt habe, dass wir in unserer Kultur kein Bewusstsein mehr dafür haben, was die Dinge kosten«, sagt Liam geradeheraus zu mir. Der 22-Jährige studiert Wirtschaft. »Es sind so viele unbezahlte Rechnungen offen … Wir berücksichtigen unseren Einfluss auf die Natur nicht entsprechend, oder zumindest wollen wir nicht sehen, was unsere Aktionen die Natur und die

Liam und Nick in der Werkstatt von Turtle Island.

Dritte Welt kosten. Ich aber will jetzt in meinem Leben Verantwortung übernehmen für alles, was ich tue. Ich will keine versteckten Kosten mehr, keine Mogeleien. Ich will alle Auswirkungen meiner Handlungen auf den Planeten und meine Mitmenschen abschätzen können, damit ich dafür einstehen kann, ohne rot zu werden. Ich will nicht zum Verursacher des Kriegs im Kongo werden, weil ich ein Mobiltelefon besitze, oder des Kriegs im Irak, weil ich Erdöl verbrauche. In unserer Gesellschaft gibt es so viele versteckte Kosten, dass wir uns zumeist die Folgen unseres Handelns nicht klarmachen ... Ich will frei sein, frei und verantwortlich.«

Der drohende nächste Börsencrash betrifft sie nicht, denn sie stehen in direktem Bezug zur Realität, ihrer eigenen Realität. Wer sind sie nun? Freiheitsverliebte, Weise oder Narren? Und warum suche ich sie mit so großem Eifer? Vielleicht, weil wir uns grundsätzlich so weit von allem entfernt haben, dass wir schließlich jede Achtung vor der Erde verloren haben. Alles reduziert sich darauf, Produkte herzustellen und zu verkaufen, die die Menschheit nicht braucht. Wir waren Menschen und sind zu Verbrauchern geworden.

Sie »leben leicht«. Die Radikalsten unter ihnen sind von gar nichts mehr abhängig. Gas, elektrischer Strom, Steuern, Fernsehen oder auch das Telefon sind für sie abstrakte Begriffe. Die Frage der Energie haben sie gelöst, ohne den langwierigen Entscheidungsprozess der höchsten internationalen Instanzen abzuwarten. Zur Kernkraft, zum Erdöl, zu Coltan – das seltene Erz für unsere Mobiltelefone – haben sie Nein gesagt. Auch Solarzellenpanels lehnen sie ab: Die sind nicht recycelbar! Sie begreifen unser Wirtschaftsmodell als einen globalen Prozess und kennen den menschlichen und ökologischen Preis solcher Produkte.

Sie sind sehr unterschiedlich und schwer auf einen Nenner zu bringen, aber man hat schon oft versucht, ihnen Namen zu geben. So werden sie, je nachdem, als Minimalisten, Überlebenskünstler, Ökologen, Traditionalisten, Naturabenteurer oder auch ... Utopisten bezeichnet. In all diesen Bezeichnungen liegt sicher etwas Wahres. Doch wer sie auch sein mögen, ich habe auf ihren Gesichtern und in ihren Augen oft die heitere Abgeklärtheit gesehen, die nur Menschen haben, die ihre Träume leben.

Die Teaching Drum Outdoor School: Tim bringt einen Hasen mit, den er mit der Falle gefangen hat.

Die Winterhütte aus Torf ist von den Ojibwe-Indianern inspiriert, die früher in der Gegend lebten.

»Was die Trommel lehrt«

Wir stehen kurz vor dem Zusammenbruch unserer Zivilisation, davon ist Tamarack überzeugt. Im traditionellen Siedlungsgebiet der Ojibwe, einem Stamm, dessen Angehörige bis Anfang des letzten Jahrhunderts überlebten, versucht er, wieder an die altüberlieferten Praktiken dieses Volkes anzuknüpfen. Hier, im äußersten Norden von Wisconsin, nahe der kanadischen Grenze, kann die Temperatur im Winter auf minus vierzig Grad fallen. Was macht das schon. Vor 15 Lenzen hat er seine Schule eröffnet. Die Teaching Drum Outdoor School ist zugleich ein Initiationszentrum für die Rückkehr zum Leben in der Wildnis und eine Gemeinschaft aus Getreuen, die sich dieser Sache verschrieben haben. Nach und nach lerne ich sie kennen, angefangen mit dem ehrwürdigen Tamarack. Auf einer Farm geboren, folgte er dem Weg der Vorfahren, um ihre Lebensweise zu entdecken, und lebte sogar eine Zeit lang mit jungen Wölfen … Mit dem Wunsch, seine Erfahrung und sein Wissen weiterzugeben, begann er Bücher zu schreiben und gründete sein Zentrum. Was für ein Leben. Doch es scheint, als hätten hier alle eine besondere Geschichte, sei es Tim, ein unvergleichlicher Bogenschütze und hervorragender Jäger, oder Thomas, ein junger Deutscher, der mehrere Jahre lang zwischen ökologischem Aktivismus in der Stadt und Rückzug in die Natur pendelte, bevor er hier sein Lager aufschlug …

Meine Reise ist im wahrsten Sinne des Wortes mehrdimensional. Da ist einerseits die geografische Dimension, mit der Entdeckung der schönsten und entlegensten Gegenden der USA. Andererseits ist es eine Reise in der Zeit, denn die Lebensweisen und Ideale der Robinsons knüpfen an die der Gründerväter Amerikas an: ihre Liebe zur Arbeit und vor allem ihre Freiheitsliebe.

Ich versuche mich ihrem Lebensstil anzupassen, wie ich mich den Honigjägern oder den Dolpo-Nomaden in Nepal angepasst habe, indem ich ihr Leben und ihre Arbeit teilte. Ich bin handwerklich geschickt. Ich kann eine Axt, ein Stemmeisen oder eine Säge handhaben. Je mehr ich in diesem großen Land voller Kontraste herumreise, desto klarer wird mir, dass die »Off the grid«-Leute so etwas wie eine natürliche, fast organische Reaktion auf das extreme amerikanische Überflussdenken sind: Überproduktion, übermäßiger Konsum sowie Hyperaktivität, Hyperkapitalismus und Hyperindividualismus. Sie sind weder Republikaner noch Demokraten, das ist nicht Gegenstand ihrer Auseinandersetzung. Eigentlich sind sie so weit, dass sie der Politik keine Bedeutung mehr beimessen. Doch trotz ihrer alternativen Lebensweise und ihres starken Engagements nehme ich bei ihnen

Vorhergehende Doppelseite: In der Teaching Drum Outdoor School: Überquerung eines der zahlreichen zugefrorenen Seen im Februar.

Tim und Tamarack im Kojotenpelz.

Folgende Doppelseite: Die Winterhütte im Schein des Feuers: Tim prüft, ob sein Pfeil gerade ist, während Thomas ein Rentierfell geschmeidig macht.

keinen Bekehrungseifer wahr. Lediglich eine begründete Lebensentscheidung von Menschen, die sich in unseren Werten nicht wiederfinden. Könnte ich dasselbe tun, mit allem, was das langfristig für mich selbst und für meine Angehörigen bedeuten würde? Ich höre ihnen zu; wenn sie mit mir sprechen, bringen sie mir ihre Freundschaft und ihr Vertrauen entgegen. Dafür bitten sie mich, ihren echten Namen und ihren Standort zu verschweigen, weil sie keine Sehenswürdigkeiten werden wollen. Friede also – das ist wenig und viel zugleich. Sie haben mein Wort.

Frankreich – USA. Seit zwei Jahren pendle ich zwischen den Kontinenten, um ihrer Geschichte auf die Spur zu kommen. Während das Flugzeug wieder einmal in den Wolken verschwindet, denke ich nach, gewinne etwas Abstand, versuche es zumindest … Sind sie ein Teil der Lösung? Nein, es ist nicht genug Platz da, damit sieben Milliarden Menschen leben können wie sie. Hingegen sind sie nicht mehr Teil des Problems. Sie verbrauchen fast nichts, verschmutzen auch die Umwelt kaum, sie beuten die Dritte Welt nicht aus, sie haben eine fast ausgeglichene Kohlenstoffbilanz … Hey! Ist das nicht genau das, was die riesigen internationalen Klimakonferenzen von Kyoto über Kopenhagen bis Cancún anstreben, ohne die Situation jemals wirklich zu verändern? Können uns die »Off the grid« im 21. Jahrhundert nicht als Vorbild dienen? Nein, auch wenn allenthalben das Bewusstsein erwacht, das alles macht noch zu viel Angst, das alles sind nur Katastrophenszenarios! Und wie es den Anschein hat, ist die Wissenschaft doch dabei, Lösungen für all unsere Probleme zu finden; wir können also weiterhin unseren Planeten mit seinen begrenzten Ressourcen endlos ausbeuten[7] …

Ich habe fünf Menschen liebgewonnen, die vier sehr unterschiedliche Lebenswege verfolgten, selbst wenn diese am Ende zusammenlaufen: John, den Trapper von der Wall Street, Lynx, Avatar des 21. Jahrhunderts, Mason, den Mann am Ende der Straße, und Tod und Talia, Ingenieure und Restesammler. Warum gerade sie? Wahrscheinlich, weil sie dem entsprechen, was ich gesucht habe, einem weißen Fleck auf meiner Karte, und darüber hinaus vielleicht einer persönlichen Suche.

»Wake up Éric, you have a long road ahead of you …«

Landschaft am Wegrand.

7. Vgl. die Analyse von Jared Diamond in: Sharon Astyk, Depletion and Abundance: Life on the New Home Front, Gabriola Island, New Society Publishers, 2008, S. 45.

WISEMA
CLOTHING
THIS E

John

Der Trapper von der Wall Street

»Der Kapitalismus amerikanischer Prägung...
Den benutze ich nur als Sitzfläche...«

John

»In Nature, one find oneself«[1]
Henry David Thoreau (1817–1862)

Pass auf«, sagt John zu mir, während er im Zeitlupentempo vor mir hergeht. Sein Körper ist nach vorn geneigt, seine Augen zusammengekniffen. Ein Blick nach rechts, dann nach links … Wenn er so das Unterholz absucht, ist er ein Tier, gespannt, ganz auf das Vorankommen konzentriert.
Vor nunmehr 15 Jahren hat John dieses Sumpfgebiet im Südosten der USA als Heimat gewählt. Die Szenerie gleicht einer Traumwelt. Wir durchstreifen einen Wald aus Sumpfzypressen, deren Wurzeln wie seltsame Stalagmiten aus dem lockeren Boden und den Teichen wachsen und manchmal mannshoch sind. »Die Wurzeln ragen so hoch auf, weil sie Sauerstoff aufnehmen, wenn der Wald überschwemmt ist«, erklärt John.

Ringsherum tragen finstere stehende Gewässer und dichte Nebelschleier zur Magie des Ortes bei. Wo seid ihr Alligatoren, Stechmücken und anderen Wächter dieses verbotenen Reichs? John macht das nichts aus, er hat hier alles gefunden, was ein Trapper sucht: die Einsamkeit, eine üppige Flora und Fauna und vor allem ein Leben in der Wildnis, am Rand der Gesellschaft.

Vorhergehende Doppelseiten: Johns Stuhl, ein Geflecht aus Krawatten, die zu seinem »alten Leben« gehörten.

Die Sümpfe rings um Johns Haus.

John fährt im Zickzack zwischen den Wurzeln der Sumpfzypressen hindurch, die wie riesige Stalagmiten aus dem Boden ragen.

Gegenüberliegende Seite: Johns Fischerhütte inmitten der Sümpfe.

Unten: Éric und John.

1. »In der Natur findet man zu sich selbst.«

»Was? Wann? Wer hat das gemacht? Wonach riecht das? Ist es anders als gestern? Wenn du in der Natur überleben willst, musst du alles beobachten, genau untersuchen, analysieren. Du musst jede Veränderung zur Kenntnis nehmen.«

Ich folge ihm zustimmend. Einen Schritt weiter fährt John fort: »In der Stadt weißt du, wo du hingehen musst, um dies oder jenes zu kaufen. Hier ist es dasselbe. Ich weiß, wo ich hingehen muss, um diese Pflanze oder jenes Tier zu finden. Die Kenntnis deines Reviers ist von entscheidender Bedeutung, wenn du von der Natur leben willst.«

Da, wo ich nur Bäume, Äste, einen Wasserlauf oder Sträucher sehe, findet er lebendige Spuren. »Siehst du«, sagt er zu mir und zeigt mir einen Baum, »hier hat ein Hirsch sein Geweih an der Rinde gerieben. Hier ist vor Kurzem ein Biber vorbeigekommen; er hat diese Schlammwolke im klaren Wasser aufgewirbelt.« Er liest in der Natur wie in einem Buch. Er hat ihre Codes und ihre Sprache gelernt. »Schau dir diese Bäume an: Kautschuk-, Lorbeer-, Tupelobäume ... lauter Arten, die Wasser mögen; das Milieu ist feucht, sumpfig, da werde ich also Biber, Waschbären und Enten finden. Wenn dagegen Kiefern die vorherrschende Baumart sind, bedeutet das, dass die Erde trockener ist. Das ändert alles, Fauna wie Flora!« John ist glücklich, dass er sein Wissen, sein Weltverständnis weitergeben kann. »Riech mal«, sagt er, die Nase in der Luft. »Das ist eine Sumpf-Kiefer, die vor etwa sechzig Jahren gefällt wurde.« Er ritzt den verfaulten Baumstumpf mit dem Messer an, und der Geruch wirkt belebend auf mich. »Aus diesem Holz gewinnt man Terpentin und, wenn man das destilliert, Terpentinöl. Ein gutes Heilmittel bei Hautinfektionen, und das Holz brennt sehr gut, selbst wenn es außen noch feucht ist.« Der Trapper ist schon zu etwas anderem übergegangen: »Schau mal, die großen Palmen hier. An den Blattstielen haben sie große hakenförmige Stacheln ... das ist eine Zwergpalme aus Florida, der ideale Baum, um einen

Zu Hause bei John: Stillleben mit Werkzeugen und mit Schildkrötenpanzern.

John und einige Otterfelle vor seiner Bücherwand.

Unterstand zu bauen oder Seile zu fertigen. Ihre Wurzeln sind das ganze Jahr über essbar. Sogar wenn sie von Wasser bedeckt oder verbrannt sind, wachsen sie weiter.« Er hebt den Kopf und zeigt mit dem Kinn auf eine Girlande aus schwarzem Moos, die sich um die Äste der Zypressen schlängelt. »Sieh mal, das ist Spanisches Moos. Hilft beim Vernarben einer Wunde oder beim Feuermachen. Die Baumrinde selbst enthält innen sehr lange, feste Fasern, die sich für Seile und Fischernetze eignen oder als Werg zum Feueranzünden. Wenn du in der Natur überleben willst, musst du dir als Erstes die Erde einprägen, jeden Baum, jedes Loch, jeden Hügel, jeden Bach, jeden Felsen.«

Mein Interesse für diesen Trapper war geweckt, als mir unterwegs immer wieder Leute von ihm erzählten. Er empfing mich herzlich, und ich quartierte mich in seiner Fischerhütte an einer Flussschleife ein. Wir sprechen über die Natur, aber auch über den allgemeinen Zustand des Planeten, über Ressourcen, die Wirtschaft; John ist offenkundig gut informiert.

Eines Morgens, als der Kaffee kocht, setze ich mich unter das Vordach. Ein kühler Luftzug weht etwas Seidiges an meine Wange. Eine Krawatte ist an die Rückenlehne meines Stuhls geknotet. Ich bin erstaunt, stehe auf und merke, dass die Sitzfläche meines Stuhls aus einem Geflecht bunter Krawatten besteht. Als John mit unseren Kaffeebechern zu mir herüberkommt, teile ich ihm meine Verblüffung mit. »Ach, der Stuhl stammt von einer Müllhalde. Die Krawatten, na ja … gehören zu einem anderen Leben.« Ich runzle die Stirn, erwarte nähere Erklärungen. »Weißt du, was das ist?« Er zeigt mir eine Seidenkrawatte mit dem roten Symbol eines Bullen und eines Bären auf dunkelblauem Hintergrund. Als ich schweige, fährt er fort: »Die beiden Tiere sind das Symbol für die Wall Street. Sie stellen die Phasen eines Börsenzyklus, den Kampf der Börsenkräfte dar.«

Was sucht das Emblem des Großkapitalismus in dieser Trapperhütte mit ihren schiefen Wänden, die mit Hirschgeweihen, Handwerkzeugen, einem Fischernetz und einem Schildkrötenpanzer geschmückt sind? Zwischen zwei Schlucken Kaffee macht John sich bereit, mir von seinem früheren Leben zu erzählen.

John hat mit nichts angefangen, hat allein etwas aus sich gemacht, das typische Beispiel eines Selfmademan.

Er verlässt die Armee mit 21 Jahren, nachdem ein schwerer Motorradunfall ihm Vietnam erspart hat. Mithilfe eines Darlehens für ehemalige GIs kauft er sein erstes Haus, richtet es selbst her und vermietet es. Das wirtschaftliche Prinzip ist denkbar einfach, aber es funktioniert. Er wiederholt das Geschäft … und zeigt Ausdauer. Mit nur 26 Jahren hat er ein gut gehendes Unternehmen. Er heiratet und wird Vater zweier Töchter. In dieser Zeit vermietet er 33 Häuser. Nichts hätte ihn aufhalten können, wenn nicht die Krise von 1973 ausgebrochen wäre … John muss einen ersten schweren Rückschlag und eine Scheidung einstecken, erholt sich jedoch schnell wieder. »Ich wurde leitender Angestellter beim Versicherungsunternehmen IDS. Ich versammelte ein hoch motiviertes Team um mich. Mit ihm zusammen erweiterte ich das Geschäftsfeld, indem ich mich auf Investment verschiedenster Art, Consulting und Vermögensverwaltung verlegte … Ich wurde dafür belohnt, meine Mitarbeiter ebenso. IDS schickte uns zu Konferenzen nach Atlanta, Las Vegas … Das waren goldene Zeiten. Ich war wie ein Dandy gekleidet. Ich trug einen dreiteiligen Anzug und einen adretten Seitenscheitel: stets picobello. Ich spielte Blackjack und hielt Reden vor vielen Menschen. Ich referierte über Motivation, Weiterentwicklung, Effizienz … Und ich glaubte an das, was ich sagte, konnte überzeugen und war stolz darauf!«

Vorhergehende Doppelseite: Johns Fischerhütte. Seine Werkstatt befindet sich darunter.

Bulle und Bär: Die Symbole der Wall Street auf Johns alten Krawatten.

Gegenüberliegende Seite: John schaut auf den Wald und die Sümpfe, die seine Fischerhütte umgeben.

Man spricht von ihm, er wird zum Vorbild, so sehr scheint ihm alles zu glücken. Er begegnet Ann; sie bewundert und unterstützt ihn noch heute. Ende der 1970er-Jahre verdient John fast 10 000 Dollar im Monat. Er leistet sich ein großes Haus mit Kolonnaden und ein Cadillac-Cabriolet. Seine Frau fährt ebenfalls ein schönes Auto, wenn die beiden nicht gerade mit ihrem raffiniert ausgestatteten Luxus-Wohnmobil oder ihrem Motorboot in der Natur unterwegs sind. Der amerikanische Traum. Als IDS vom Giganten American Express aufgekauft wird, dreht sich alles noch schneller. John lässt sich einen Swimmingpool bauen und schläft eines Abends in der Strohhütte ein, die er erst kürzlich am Wasser errichten ließ. Vielleicht ein Gin Tonic zu viel? Er schläft ruhig, tief und fest … Als er am frühen Morgen wach wird, blickt er voller Schreck auf das, was seinen Erfolg ausmacht, sein Haus, seine Autos. Er ist bestürzt. Sein ausschweifendes Leben, die Arbeit, das Geld, nichts hat mehr einen Sinn für ihn. Er weiß, dass er seine Kunden ausnimmt, weil die Versicherungssätze unerschwinglich sind. Er kennt die versteckten Klauseln in den Verträgen, die im entscheidenden Moment hervorgeholt werden: »Ja, aber sehen Sie hier …« Zudem ist nicht er derjenige, der das sagen

Erinnerungen an Johns altes Leben: ein prächtiges Haus, ein glänzender Cadillac, die Arbeitskollegen, die Casinos … und der Beginn einer neuen Existenz.

muss, sondern jemand anders, in einem anderen Büro, in einer anderen Stadt. In solchen riesigen Firmen ist alles unpersönlich und unmenschlich. John kann die Lügen, faulen Kompromisse, Mauscheleien, sein Leben nicht mehr ertragen. »Hinzu kommt, dass auch ich mich von meiner Firma habe ausbeuten lassen«, fügt er hinzu. »Habe ich wirklich an ihre Story von der Superrente später, vom Bonus geglaubt? ... Ich wollte jetzt leben, solange ich noch jung und voller Energie war ...« Außerdem sieht er, wie die Vorstädte wachsen, Shopping Malls die Oberhand über die Wälder gewinnen, in denen er als Junge herumgestreift ist, Neonlichter den Sternenhimmel überstrahlen. Er sieht, wie der Mensch die Natur schluckt, verschlingt und ausbeutet.

So beginnt John ein Doppelleben. Ein halbes Jahr lang arbeitet er weiter, als ob nichts wäre, mit Anzug und dickem Wagen. In der übrigen Zeit bricht er aus und erkundet systematisch jeden Bundesstaat seines weiten Landes. Geht an entlegenste und noch intakte Orte, um einen Platz zu finden, wo er sich niederlassen kann: mit sauberem Wasser, Wäldern, Wild, Stille, Unabhängigkeit. Diese Unabhängigkeit, von der ich in der »Off the grid«-Szene so viel höre. Zugleich lernt er das einfache Leben: wie man sein Haus mit den eigenen Händen baut, wie man ohne hoch entwickelte Geräte fischt und jagt. Er geht immer weiter, nimmt an Extrem-Survivaltrainings teil, fastet, meditiert ... Kulturschock, Materialismus versus Minimalismus. Er führt dieses schizophrene Leben etwa zehn Jahre lang, bis er sich zum Ausstieg aus der Gesellschaft bereit fühlt. Vor seinem sprachlosen Chef rezitiert er anstelle einer Kündigung das berühmte Gedicht, mit dem viele Jahre später Sean Penns Kultfilm *Into the Wild* beginnen sollte:

There is pleasure in the pathless woods,
There is rapture on the lonely shore,
There is society where none intrudes,
By the deep sea and the music in its roar;
I love not man the less, but Nature more.

Es wohnt Genuß im dunklen Waldesgrüne,
Gesellschaft ist, wo alles menschenleer,
Entzücken weilt auf unbetretner Düne,
Musik im Wellenschlag am ew'gen Meer.
Die Menschen lieb ich, doch Natur noch mehr ...

Aus: George Gordon Lord Byron, Sämtliche Werke, Band 1, München 1977. Übersetzung von Otto Gildemeister, überarbeitet und herausgegeben von Siegfried Schmitz.

Er überlässt den Großteil seines Besitzes seiner Frau: »She got the house; I got the freedom!«[2] Vom Rest kauft er sich hier ein Stück Land, das an zwei Hektar Sumpf angrenzt – dieser kann wegen des häufigen Hochwassers nicht bebaut werden ...

2. »Sie hat das Haus; ich habe die Freiheit!«

Was für eine Geschichte! Ich bin beeindruckt, aber misstrauisch. Ein solcher Bericht lässt mich zweifeln; an diesem Abend schreibe ich in mein Tagebuch: »Die Geschichte ist zu schön, um wahr zu sein. Der Bursche kann gut reden, das passt schon zusammen, aber hüte dich vor manischen Geschichtenerzählern, Éric!«

Tags darauf, bei Sonnenaufgang, ist der Fluss im Nebel verschwunden. Die Atmosphäre kann es mit dem besten Hitchcock aufnehmen! Ich bekomme plötzlich Lust, in ein Kanu zu springen, reiße mich aber gleich wieder zusammen: Nein, für das Eintauchen in die Natur werde ich noch jede Menge Zeit haben. Ich kann diese Geschichte hier nicht fortsetzen, ohne zu überprüfen, was er mir gestern erzählt hat. Ich muss Ann, seine Exfrau, treffen. »Gute Idee!«, antwortet John begeistert. Wir steigen in mein Auto, wobei er mir lächelnd zuruft: »Sie meint, dass ich ein bisschen zu weit gegangen bin. Sie mag Camping ab und an, aber nicht die ganze Zeit.« Ihre Interessen sind offenbar nicht kompatibel mit seinem Trapperalltag; dafür teilt jetzt Heather, eine junge Kanadierin, sein Leben.

Nach einigen Stunden Fahrzeit parke ich den Wagen im Schatten großer Bäume, vor einem gepflegten Vorstadthaus. Eine etwas rundliche, sanfte Frau öffnet uns die Tür. John stellt mich vor; mein »Frenchie«-Akzent hat es ihr angetan. Ann, die pensionierte Grundschullehrerin, arbeitet noch halbtags. Wir setzen uns ins Wohnzimmer. John und ich schauen uns mit großen Augen um wie kleine Jungs, während sie sich um den Kaffee kümmert. Alles ist so sauber, so ordentlich: auf dem Tisch makellos weiße Deckchen, auf einem Regal bunte Tassen mit farblich passenden Untertassen, an der Wand gerahmte Fotos, dicker Teppichboden ... Wir fallen auf in diesem Ambiente, aber was soll's. Ann ist sehr aufmerksam, glücklich, uns hier zu haben. Ich spüre, dass sie noch verliebt ist in diesen beeindruckenden und schwer zu fassenden Mann, wohl auch voller Bewunderung und Sorge. Bald werden Fotoalben aus vergangenen Zeiten gezeigt. Sie veranschaulichen detailliert, was John mir nach der Entdeckung der Krawatten erklärt hat. Ich sehe dieses andere Leben vorüberziehen. Ann zeigt mir Zeitungsartikel mit einem Bild ihres Mannes hinter einem Rednerpult bei einem seiner Motivationsvorträge. Wir fahren zu dem Haus am anderen Ende der Stadt. John schlägt mir vor, einen Blick auf den Swimmingpool zu werfen. Ann nimmt daran Anstoß: »Da sind doch Leute …« Es sind jedoch keine da. Allerdings hindert ein grimmiger Hund uns daran, den Ort zu besichtigen, an dem John seine Offenbarung hatte. Bei Wal-Mart, wo ich ein kleines Aufnahmegerät kaufe, um ihn zu interviewen, trifft John die Frau eines ehemaligen Kollegen. Sie teilt ihm mit, dass ihr Mann vor Kurzem an einem Herzschlag gestorben sei. Später zeigt John ihn mir im Album: Auf mehreren Fotos sehe ich einen schon etwas fülligen Mann mit Schnurrbart, der sich sehr aufrecht hält.

Zurück in seinem Sumpf, wirft sich John vergnügt in den Schaukelstuhl. »Siehst du jetzt, wozu dieser kaputte Kapitalismus führt? Ich setze mich darauf«, sagt er grinsend. John will wie vor der Zeit des Ackerbaus leben, in der »die Ausbeutung, die Korruption, das Königtum, kurz der Kapitalismus« entstanden.

Für den ehemaligen Finanzmagier ist die Natur ein Puzzle. Indem er genau hinschaut und beobachtet, setzt er die Teile zusammen und versteht das Leben um ihn herum. »Das ist, wie wenn man lernt, einen Computer zu bedienen. Am Anfang ist es ein bisschen beängstigend, bis zu dem Moment, in dem sich das Blatt wendet … Von jetzt an sind meine Sinne so geschärft, dass ich die Harmonie oder das Unbehagen des Waldes insgesamt und jedes einzelnen Baums spüren kann. In der Natur kommt alles ins Gleichgewicht. Etwas wird angenommen oder abgelehnt. Nichts entgeht diesem Gesetz, nicht einmal meine Fischerhütte. Nach einer Weile entsteht eine Harmonie um sie herum. Ein bestimmter Baum wächst, ein anderer stirbt, ein Strauch gedeiht in seinem Schatten …« Ich verbringe mit John großartige Momente im Wald, auf den Flüssen. Dieser Mensch ist hinreißend, leidenschaftlich, intensiv, schrecklich egozentrisch und kann einen manchmal zur Verzweiflung bringen, doch … was soll man sagen, wenn man seine Geschichte kennt?

Abgesehen von ein paar wenigen Spritztouren in die Stadt und Ausflügen lebt John seit den 1990er-Jahren nahezu wie ein Einsiedler. Er hat sich eigenhändig zwei Hütten auf Pfählen gebaut. Ihr Tragwerk besteht aus Treibholz und Materialien, die von Mülldeponien stammen. Zurzeit baut er eine dritte, auf einem Baum, in 15 Metern Höhe. Unter einem seiner Häuser hat er eine Werkstatt eingerichtet;

dort bearbeitet er das Holz mit Werkzeugen, die er auf Flohmärkten aufstöbert: Beile, Ziehmesser, Stemmeisen, Handbohrer. Doch die meiste Zeit verbringt er draußen, in unmittelbarer Verbindung mit der Natur. Eine Pelzmütze im Stil von Davy Crockett auf dem Kopf, besteigt er morgens sein Kanu, um in den Sümpfen Biber-, Otter- und Waschbärfallen anzubringen. Er jagt, fischt mit dem Netz, erntet Pekannüsse. Mitunter arbeitet er für einen Nachbarn und verdient sich so ein bisschen Geld. Er kennt die Müllhalden, auf denen sich brauchbares Baumaterial findet, ebenso wie die Abfallcontainer bestimmter Supermärkte, wo er sich Käse, Vollkornbrot und Gemüse holt.

John lebt im Einklang mit der Natur, im Rhythmus der Jahreszeiten. Er kennt den Namen jeder Baumart, jede denkbare Eigenschaft der Heilpflanzen.

In ihm mischt sich das Vorhersehbare mit dem Unvorhersehbaren, der pragmatische Trapper mit dem intellektuellen Philosophen. In einer seiner Hütten sind zwei Wände komplett mit Büchern bedeckt: Werke über die Indianer Nordamerikas, ihre Jagd- und Fischereitechniken und ihre Siedlungsweise, Survival Guides, Kompendien über essbare Pflanzen und Heilpflanzen, Handbücher über einfache Werkzeuge, Sammlungen von Großmutters Küchenrezepten, Essays über das Finanzsystem … Nanu! Ich nehme eins heraus: *How to prosper during the coming bad years*, Untertitel *A crash course in personal and financial survival*[3], von Howard J. Ruff. Ich blättere es durch; hier kommt alles vor, von der Auswahl und Lagerung der Nahrungsmittel für ein Jahr bis zu Investitionen in Gold, Diamanten und andere sichere Anlagen, vom Bankwesen, von Inflation und Deflation bis zur Lebensmittelzuteilung … ein erschreckend aktuelles Thema, auch wenn das Buch leicht vergilbt aussieht. Ich schaue nach dem Erscheinungsdatum: 1978! Damals fürchtete man also schon ernsthaft einen Zusammenbruch … Dennoch hat selbst die erste Ölkrise das Funktionieren derjenigen Welt, von der sich John verabschiedet hat, nicht infrage gestellt.

John ist sehr gesprächig, glücklich, dass er dem »Frenchie«, der von so weit hergekommen ist, seine Welt zeigen kann. Am nächsten Tag brechen wir erneut auf. Diesmal ist es eine Expedition zu Wasser. Ich finde es toll, mit dem langen Alu-Kanu zu fahren,

Johns Bibliothek mit zahlreichen Büchern über das Leben in der Natur.

3. Dt. etwa: Wie man während der kommenden schlechten Jahre im Wohlstand lebt. Ein Intensivkurs zum persönlichen und finanziellen Überleben.

The Forager's Harvest EDIBLE WILD PLANTS
SAMUEL THAYER
Uses of Plants by the Indians of the Missouri River Region, Enlarged Edition
HOW TO IDENTIFY PLANTS
Euell Gibbons
stalking the wild asparagus
HOOD
Gibbons STALKING THE BLUE-EYED SCALLOP
McKay
Eat the Weeds
BEN CHARLES HARRIS
The Basic Essentials of EDIBLE WILD PLANTS & USEFUL HERBS
Hall · THE WILD FOOD TRAILGUIDE
Holt Rinehart Winston
Field Guide to EDIBLE WILD PLANTS
STACKPOLE BOOKS
EDIBLE AND USEFUL WILD PLANTS Of the United States and Canada
An Instant Guide to EDIBLE PLANTS
Coon
Using Wild and Wayside Plants
Dover
Edible and Medicinal Plants of the West
Tilford
GINSENG AND OTHER MEDICINAL PLANTS
WILD RICE and the OJIBWAY PEOPLE
VENNUM
MHS PRESS
Hedrick
Sturtevant's Edible Plants of the World
Dover
Erichsen-Brown
MEDICINAL AND OTHER USES OF NORTH AMERICAN PLANTS
PETERSON FIELD GUIDES
EDIBLE WILD PLANTS
WILD EDIBLE PLANTS
MEDICINAL PLANTS
A Field Guide to Medicinal
Densmore
How Indians Use Wild

Hunt THE COMPLETE HOW-TO BOOK OF
AUTHENTIC INDIAN
How to Sew Leather, Suede, Fur
WORKING WITH THE
The American Indian
INDIAN Crafts and Skills
THE INDIAN HOW BOOK
Appalachian
Splint Woven Basketry
Baskets from Nature's Bounty
Indian Baskets and how to make Baskets
JAMES
THE BOOK OF BASKETRY
AMERICAN BASKETRY
THE BOOK OF BUCKSKINNING
EDITED BY WILLIAM H. SCURLOCK
KNOTS
ASHLEY
JOURNEY TO THE ANCESTRAL SELF
TAMARACK SONG
STATION HILL
THE GREAT PATH OF AWAKENING
Shamanic Experience
Kenneth Meadows
ELEMENT
THE SECRET WORLDS OF COLIN FLETCHER
OF WOLVES AND MEN
Lopez
Scribners
THE COSMOS OF THE AMERICAN INDIAN
Grinnell
Blackfoot Lodge Tales
A FIELD GUIDE TO CONSERVATION ARCHAEOLOGY IN NORTH AMERICA
ANPAO AN AMERICAN INDIAN ODYSSEY
THE GOSPEL OF THE REDMAN
LABY

mich nach Lust und Laune in den unzähligen Flussschleifen zu verlieren, die Passagen unter den Bäumen zu erforschen und zwischen den Atemknien der Sumpfzypressen im Zickzack zu fahren … Auf einmal breitet ein bisher völlig unsichtbarer Graureiher seine riesigen Flügel aus und fliegt vor uns davon. Ich schrecke auf. »Hey, Éric!«, ruft John und zeigt auf die Landschaft, »so ein Leben, das ist schon besser als Kabelfernsehen, nicht wahr?!« Er fährt fort: »Wir hier sind zu Weltmeistern der Unterhaltung geworden.« Er spielt auf die berühmte *entertainment industry* an, deren weltweites Aushängeschild Hollywood ist. »Wir werden unterhalten mit Shows, Filmen, Videospielen und Informationen, so vielen Informationen, dass man am Ende gar nichts mehr versteht. Wir haben den Kontakt zur Realität, zu den wichtigen Dingen verloren, obwohl wir diese doch durchaus noch beeinflussen könnten. Die Mittelschicht wird überrollt von aufeinanderfolgenden Krisen, Standortverlagerungen, der Inflation, dem Lohnstopp, der Arbeitslosigkeit. Während die Banken sich immer mehr bereichern, nicht kontrolliert werden und unkontrollierbar sind. Wir sind zu Sklaven, Zombies geworden, sind uns der Bedrohung durch dieses virtuelle Leben nicht bewusst, von dem wir geradezu überschwemmt werden. Ich war dieser Mann geworden, der mitten im Rennen stolpert und, um nicht am Boden liegend zertreten zu werden, zwangsläufig noch schneller rennen muss.« Er sieht mich an, ich knirsche mit den Zähnen und sage nichts.

Vorhergehende Doppelseite: John, im Filzmantel, rudert in einem Kahn durch sein Anwesen.

Gegenüberliegende Seite: Heather und John in der Fischerhütte.

Wie die Tiere, denen er im Wald begegnet, versucht er jeden Tag, ein wenig mehr mit der wilden Umgebung der Sümpfe zu verschmelzen. »Ich ahme oft die Körpersprache der Rehe nach. Ich gehe auf alle viere, tue so, als ob ich einen Grashalm kaue, ich reibe die Flanke an einem Baumstamm. Nach einer Weile stehen drei oder vier Rehe um mich herum. Ich bin sicher, sie halten mich für eine merkwürdige Art von Pflanzenfresser …« Sicher eine ganz besondere Art.

Er, der zuvor im Geld schwamm, begnügt sich jetzt mit 5000 Dollar im Jahr. Er lebt vom Verkauf seiner

Biber-, Waschbär- und Otterfelle und von Handwerkerarbeiten für entfernte Nachbarn. Mit dem Geld bezahlt er Benzin und Versicherung für den Pick-up, den er äußerst sparsam einsetzt, und seine Grundsteuer. Bisweilen stockt er sein Budget mit Lebensmittelgutscheinen auf. Für alles Übrige behilft er sich recht und schlecht, mal als Trapper, mal als Stöberer auf Mülldeponien …

»Von dem, was wir besitzen, brauchen wir nicht alles. Tiere haben keinen Rucksack. Ein Kojote hat keine Kreditkarte, und ich habe noch nie einen Blauhäher gesehen, der mit seiner monatlichen Hypothekenzahlung im Verzug war, oder einen Biber, der wegen ausbleibender Mietzahlungen sein Haus räumen musste!«

»Ich habe mir die Sümpfe ausgesucht, weil die Leute eine Heidenangst davor haben. Die Bauern mögen sie nicht, weil dort nichts wächst, außerdem verändert sich das Ganze von Jahr zu Jahr, der Wasserpegel steigt oder fällt hier um drei oder vier Meter. Nicht einmal Jäger kommen hierher. Trotzdem gibt es hier so viele wild lebende Tiere, so viel Essbares … viel mehr als sonst weit und breit. Selbst wenn sie am Verhungern wären, kämen die Städter nicht heraus. Sie würden zu den Parkplätzen gehen und den Sheriff anrufen. Sie haben Angst vor der Dunkelheit; sie können nicht ohne Strom leben. Während des *ice storm*, der 2009 Kentucky und andere Staaten wie Arkansas, Oklahoma und Missouri lahmgelegt hat, ist die Milch in den Kühlschränken sauer geworden, die wegen der Stromausfälle nicht mehr funktionierten. Die Leute kamen nicht mal auf die Idee, ihr Kühlgut auf den Fenstersims zu stellen! Gibt es Schwierigkeiten, beklagen sich die Leute und warten darauf, dass der Sheriff oder die Regierung etwas unternimmt. Und wenn sie, wie im Fall von New Orleans, nichts unternimmt? Stadtbewohner sind vollkommen abhängig.« John hat wie die anderen »Off the grid« gelernt, eigenverantwortlich zu handeln. Er beugt sich zu mir herüber und raunt: »RESPONSABILITY«. Er spricht langsam und betont die beiden Worthälften: »RESPONS... ABILITY. Verstehst du den Sinn? Die Fähigkeit, zu antworten, das heißt die Möglichkeit, eine Entscheidung zu treffen, im Problemfall eigenverantwortlich zu handeln. Nicht nutzlos herumzustehen, tatenlos zuzusehen und auf wer weiß was zu warten...«

Der Mann ist brillant, er liebt es, mit Worten zu spielen, er braucht ein Publikum. Wahrscheinlich war er deshalb ein so guter Kaufmann.

»Der Kapitalismus beruht auf der Maßlosigkeit, der Habgier und dem Ego; er neigt zur Zerstörung. Das ist ein ebenso universelles Gesetz wie das Gesetz der Schwerkraft... Das genaue Gegenteil von dem, was ich leben will!« Er fährt fort: »Weißt du, unsere Zivilisation besteht zurzeit aus fünf nebeneinander herfahrenden Güterzügen:

stagnierende Wirtschaft,
Klimawandel und Naturkatastrophen,
schwindende Ressourcen bei steigender Nachfrage,
soziale Spannungen und die wachsende Kluft zwischen Arm und Reich,
zunehmende Gefahr von Terrorismus und Kriegen,
Bevölkerungsexplosion.«

Gegenüberliegende Seite: John am Fuß einer alten Eiche.

Folgende Doppelseite: Zurück in die Realität bei einbrechender Dämmerung.

Er merkt, dass er sechs Punkte aufgezählt hat... »Was soll's. Alles greift irgendwie ineinander, und wenn einer dieser Züge entgleist, entgleist alles, und das wird schlimm. Alle Zivilisationen sind untergegangen: Griechen, Römer, Ägypter, Maya, Azteken, Sumerer...«

Er ist davon überzeugt, dass die echte Krise erst noch kommt.

Er sagt, wenn er einmal spürt, dass es ans Sterben geht, wird er noch tiefer in die Sümpfe hineingehen, sich am Fuß einer großen Eiche einen Unterstand bauen und den Tod kommen lassen, anstatt ins Altersheim oder ins Krankenhaus zu gehen. Wie ich von Ann und seinen ehemaligen Kollegen bei American Express erfahren habe: Wenn John etwas will, dann tut er es – und wenn nicht, dann eben nicht.

Am letzten Abend begleitet John mich zum Hotel, denn am nächsten Morgen um 5.30 Uhr geht mein Flug nach Dallas. Doch davor treffen wir uns noch mit einem seiner ehemaligen Kollegen an der Bar. Die beiden reden über die Zeit, in der sie zusammengearbeitet haben, und vor allem darüber, wie sie sich kennengelernt haben. Wenn er spätabends nach Hause kam, sah John mehrmals hintereinander Licht in den Räumen eines Konkurrenzbetriebs.

»Da schau her, ein motivierter Mann«, dachte er. Als er es nicht mehr aushielt, klopfte er ganz einfach an seine Tür, um ihn abzuwerben. Ich beobachte die zwei, wie sie nostalgisch die Vergangenheit wiederaufleben lassen. Auf dem Gesicht von Johns ehemaligem Kollegen erscheint ein leicht spöttisches Lächeln, wenn er seinen Exchef ansieht. Doch was ich vor allem wahrnehme, ist ein tiefer Respekt, wie man ihn Menschen entgegenbringt, die ihre Träume konsequent verwirklichen. Nachträglich bedaure ich, dass ich mich nicht getraut habe zu fragen, ob ich ein Foto von ihnen machen kann, wie sie da in der Lobby stehen und einander gebührend begrüßen, der eine mit Waschbärmütze und geflicktem Karohemd, der andere mit Anzug und Krawatte.

Lynx
Avatar des 21. Jahrhunderts

Eine Reise in die Steinzeit

Lynx

Vorhergehende Doppelseiten: Porträt von Lynx: Sie hat mich mehrere Wochen lang durch den Wald geführt.

Lynx auf einem Felsvorsprung über dem Lake Chelan.

Lynx und ihre Pferde Chaco und Christie.

Gegenüberliegende Seite und unten: Lynx schärft einen Feuerstein mithilfe eines Rentierhorns.

Lynx geht am Wildbach entlang, hebt einen großen Kieselstein auf, schlägt ihn gegen einen anderen, dreht ihn um, wiegt ihn in ihrer Hand, untersucht ihn. Sie legt ihn wieder hin, hebt einen anderen auf, wiederholt dieselben Handbewegungen. Umfang, Form, Gewicht, Dichte, Klang … Als sie den richtigen gefunden hat, benutzt sie einen großen Felsen an der Uferböschung als Amboss und schlägt daran ein Stück von dem Kiesel ab. Sie hat nun einen scharfen Splitter, sucht aber weiter das Ufer ab. Sie fördert einen abgebrochenen trockenen Ast, so dick wie ein Unterarm, zutage. »Pappel«, erklärt sie. Mit sicherer Handbewegung spaltet sie ihn mit ihrer Klinge in der Mitte. Sie hat nun zwei flache Bretter. Zufrieden geht sie in Richtung Wiese. Dort, neben unserem Lagerplatz, stehen hohe Pflanzen. Die Königskerzen reichen ihr bis zur Hüfte. Sie reißt einen kerzengerade gewachsenen Stängel aus und schneidet davon ein fünfzig Zentimeter langes Stück ab. Dann kratzt sie mit ihrem scharfen Stein, ein paar Zentimeter vom Rand entfernt, eine Vertiefung in das Pappelbrett und schnitzt zum Rand hin eine trichterförmige Kerbe hinein. Sie ist wortkarg, ganz auf ihre Utensilien, ihre Bewegungen konzentriert. Sie kniet sich hin, stellt den Fuß auf das Brett, setzt das Ende des langen Königskerzenstängels in die Vertiefung … sie ist bereit. Sie konzentriert sich, atmet

ein und beginnt energisch und mit äußerster Anstrengung den Stab zwischen den Händen zu drehen. Wir sehen ihr schweigend zu. Der Stab dreht sich immer schneller zwischen ihren Handflächen, reibt auf dem Brett. Vier bis fünf Minuten vergehen. Ihr Atem wird schneller, Schweiß tropft ihr von der Stirn. Endlich steigt Qualm auf. Sie setzt den Stab wieder an, klopft auf das Brett. Auf einem Stück Rinde hat sich schwarzer Holzkohlenstaub abgesetzt, in dem eine winzige Glut glimmt. Sie bläst leicht darauf, um ihr Sauerstoff zuzuführen. Dann, als der Qualm stärker wird, setzt sie die Glut in ein vorbereitetes Bett aus getrockneten Gräsern. Jetzt ist ihre Atmung langsamer und kräftiger, bis zwischen ihren Händen die Flamme erscheint. Sie setzt sie auf den Boden und gibt etwas Reisig hinzu. Das Feuer brennt.

Ein paar Tage zuvor, als ich mit Lynx in einem mexikanischen Restaurant aß, hatte sie mich aufgefordert: »Sieh dich mal um. Was kannst du mit deinen eigenen Händen machen?« Ich hatte den Kopf geschüttelt: Resopaltische und -stühle, Leuchten, Fliesen, Teller, Besteck, Papiertischdecken, der Stoff meiner Kleidung ... Ich musste zur Kenntnis nehmen: nichts, gar nichts. An diesem Morgen hat Lynx mir meisterlich demonstriert, wie es ist, wenn man etwas mit der Hand schafft.

Schon seit mehr als einem halben Jahr reiste ich durch den Mittleren Westen. Als ich herumfragte, wer in der größten Nähe zur Natur lebt, kam die Rede regelmäßig auf Lynx. Die Frau mit dem exotischen Namen (Lynx = Luchs) gab Anlass zu leidenschaftlichen Kommentaren: schön, charismatisch, anerkannt, eine, die wie nur wenige fähig ist, sich vollständig in die Natur einzufügen, aber auch fanatisch, despotisch, extrem. Ich wollte sie unbedingt treffen. Und nun war ich zusammen mit einer Handvoll Schülern bei ihr in den Bergen.

Die Kunst, durch Reibung Feuer zu entfachen.

Lynx ist 42 und führt seit fast zwanzig Jahren ein halbnomadisches Leben in den USA. Sie besitzt eine Jurte, aber für fünf Monate im Jahr lässt sie diesen relativen Komfort hinter sich und gibt ihr Wissen über prähistorische Techniken an eine kleine Gruppe von Kursteilnehmern weiter.

Lynx lebt in den Rocky Mountains. Um sie zu finden, sollte man seinen Wagen stehen lassen, über einen guten Orientierungssinn verfügen und gern wandern. Ich folge den Angaben aus ihrer E-Mail: ein tiefes Tal, ein schmaler Pfad zwischen Kiefern, ein Bergbach ... auf einmal sehe ich ihre beiden Pferde, Chaco und Christie, auf einer Lichtung. Und dann erscheint, blond und schlank, Lynx selbst. Sie trägt ein Kleid aus Hirschleder und kommt mit strahlendem Lächeln auf mich zu. Sie zeigt mir ihr Revier, den Wald, die Lichtungen. »Ich habe kein Geld, aber ich lebe wie eine Millionärin«, sagt sie zur Begrüßung. »Ich lebe in den schönsten Gegenden der Vereinigten Staaten und kann weitgehend tun, was ich will.« In der Tat ist die Landschaft atemberaubend. Lynx hat sich im Netz über meine Arbeit informiert und kennt meinen Film *Himalaya. Die Kindheit eines Karawanenführers*. Meine Erfahrung beruhigt sie, sie fasst rasch Vertrauen zu mir. Die Vorstellung fällt kurz und schlicht aus. Von Anfang an habe ich mir vorgenommen, mich ganz und gar auf dieses Abenteuer einzulassen. Schon vor einer Weile habe ich meine Ernährung umgestellt, um mich auf die *stone age*-Nahrung vorzubereiten: kein Zucker und kein Getreide mehr, nicht so viel Obst, dafür viel Fleisch. Eine Stunde nach meiner Ankunft mache ich mich an die Herstellung meiner Kleidung und Mokassins aus dem Hirschleder, das sie für mich beiseitegelegt hat. Nachts schlafe ich unter einem Baum, in ein Bisonfell gehüllt.

Ich höre Lynx zu: »Die große Tragik unserer Zeit besteht darin, dass wir den Kontakt zur Natur verloren haben. Die Hälfte der Bevölkerung lebt in der Stadt. Auf die Natur wird keine Rücksicht genommen. Wir plündern ihre Ressourcen, wir laden unsere Abfälle in ihr ab. Wir geben vor, sie zu lieben, doch wenn das wahr wäre, würden wir sie nicht so behandeln. Diese fehlende Verbindung zur ›Mutter Natur‹, dieses Leben zwischen Beton, Asphalt und Neonröhren macht uns hart; wir verlieren unsere Bezugspunkte. Wir werden egoistisch, misstrauisch, einsam, berechnend, denn wir sind zu Waisen geworden.

Vorhergehende Doppelseite: Dagger Lake und Umgebung.

Gegenüberliegende Seite: Lynx und ihre Jurte, die sie im Winter bewohnt.

In ihrer Jurte stellt sie Kerzen für den Winter her.

Wir haben vergessen, welchen Platz wir im Universum einnehmen. Hier, in der Natur, geht dem Menschen das Herz auf, er findet wieder zu seiner Bescheidenheit, er hört zu.« Das alles wusste sie in ihrer Jugend noch nicht. Mit 18 war Lynx, die eine schwedische Mutter und einen britischen Vater hat, rebellisch, eine Punkerin, die zwischen Amsterdam und London auf der Suche nach sich selbst war, mit *sex and drugs and rock 'n' roll* ihren Lebensüberdruss zu kompensieren und eine unermessliche innere Leere zu füllen versuchte. Ein selbstmörderisches Leben zwischen besetzten Häusern, künstlichen Paradiesen, The Clash, David Bowie und Iggy Pop. Bio-Lebensmittel und kurzlebige Liebschaften. Lynx gesteht es sich selbst ein: Wenn sie so weitergemacht hätte, wäre sie jetzt tot. Aber mit zwanzig geht sie mit einem ihrer Boyfriends in die USA, und dort entdeckt sie dank Tom Brown, einer Schlüsselfigur der Bewegung, die Natur. Das hat ihr das Leben gerettet, sagt sie. Ihre Kirche ist der Wald.

2001 gründete Lynx ihre Schule, die Four Seasons Prehistoric Projects. Ihre Schüler haben ganz unterschiedliche Hintergründe. Sie sind Biologen, Studierende, Künstlerinnen, Farmer... Die meisten sind Amerikaner, aber in manchen Jahren stoßen auch Engländer, Deutsche, Skandinavier und Franzosen hinzu. Ihr Angebot ist einzigartig, und die Leute kommen von weit her, um diese spezielle Erfahrung zu machen.

Ich habe einen großen Rückstand aufzuholen. Lynx' Schüler sind bereits seit dreieinhalb Monaten hier und haben natürlich einen deutlichen Vorsprung vor mir.

Vorhergehende Doppelseite: Lynx und ihr Pferd Chaco holen Holz für den Winter.

Unten: Während einer kurzen Pause macht sich Éric Notizen in seinem Reisetagebuch.

Gegenüberliegende Seite: Ausflug mit den Pferden und Jagd in den unendlichen Weiten dieser von Flüssen und Wasserfällen durchzogenen Landschaft.

Während der ersten Phase hat Lynx ihnen beigebracht, sich von allem zu trennen, was ins 21. Jahrhundert gehört. Stoffkleidung wird ersetzt durch Kleidung aus Leder, das sie selbst gerben und zusammennähen, die Gummischuhe durch Mokassins, Lebensmittel aus dem Supermarkt durch Pflanzen, Wurzeln und Früchte, die sie ernten.

Aber essen bedeutet nicht nur sammeln, sondern auch jagen, also töten. Sie lehrt uns, dies mit großem Respekt zu tun: Wir zerlegen zwei Schafe, zerschneiden und trocknen ihr Fleisch und gerben ihre Häute für die Tour. »Wenn wir für das Fleisch, das wir essen wollen, Tiere töten und ihr Fleisch zerschneiden müssten«, sagt Lynx, »wenn wir für das Holz, das wir brauchen, Bäume fällen und zersägen müssten, wären wir verantwortungsbewusster und nicht so anspruchsvoll, weil wir in unserem tiefsten Innern die Bedeutung und die Folgen unseres Tuns sehen und verstehen würden.«

Gegenüberliegende Seite, von links nach rechts und von oben nach unten: Meine Reisegefährten John Michael, John Thomas, Naomi und Dan.

Oben: Während Lynx ihr Gepäck fertig macht, repariert Dan seinen Rückentragkorb.

Das Lied des Damhirschs

Du hast voller Unschuld dein Leben gegeben

Deine großen braunen Augen blickten in meine

Ein flüchtiger Schatten glitt vorüber

Dein Geist flog fort ins Freie

Wunderbarer Freund auf immer

Deine anmutigen Schritte hinterließen auf dem Waldboden

Unverwechselbare Abdrücke

Wir singen das Lied des Damhirschs

Die Entscheidung ist gefallen, leben oder sterben

Der Pfeil, der langsam ins Blickfeld gelangt

Vibriert, noch im Gleichgewicht gehalten

Mein Herzschlag, dein Herzschlag setzt aus, und du stirbst

Wunderbarer Freund ...

Kinder springen freudig umher

Du rennst wieder, dein Fell bekleidet sie

Du nährst uns mit deinem Fleisch

Im heiligen Tanz des Lebens

Wunderbarer Freund ...

Wir danken Dir, wir danken Dir, wir danken Dir.

Lynx, August 1995

Lynx übt sich im Bogenschießen, bevor sie auf die Jagd geht.

Sie lernen, ihre Bögen und Pfeile zu schnitzen. Für mich wurde ein Anteil an »Wildnahrung« beiseitegelegt. Ich habe acht Tage Zeit, um meine Ausrüstung zu vervollständigen. Dann werden wir einen schwindelerregenden Sprung in die Zeit vor der Metallbearbeitung, in die Steinzeit, machen. Nun gibt es keine Metallnadeln mehr, sondern eine Knochenahle, keine Rasierklingen und Messer, nur noch Steinabschläge. Die einzige Ausnahme: Ich werde meine Leica, meine Filme, ein Notizbuch und einen Stift behalten. Wir sollen völlig autonom werden.

Die natürliche Auslese ist gnadenlos: Von den 14 Schülern, die im Mai angefangen haben, sind nur noch vier übrig. Dieser starke Schwund ist nicht nur auf die körperliche Anstrengung dieser Lebensweise zurückzuführen. »Klar, um so in der Natur zu leben, muss man fit sein und die ursprünglichen Techniken beherrschen«, meint Lynx, »aber etwas ist noch wichtiger: Man muss vor allem einen Clan bilden, lernen, zu kommunizieren, zusammenzuleben, den anderen mit seinen Unterschieden, seinen komplementären Eigenschaften zu akzeptieren. Man kann nur zusammen überleben. In der gegenwärtigen Gesellschaft haben wir das genaue Gegenteil. Das Web, SMS, Videospiele, Computer isolieren uns zunehmend. Kennst du deinen Nachbarn, seine Probleme, seine Eltern, seine Frau, seine Kinder, seine Träume? Kannst du auf ihn zählen und er auf dich?«

Mit 26 hatte John Michael, Kartograf bei *National Geographic*, genug davon, stets dieselben Typen – »solche wie du, Éric!« – zu großartigen Abenteuern aufbrechen zu sehen. »Also habe ich alles hingeschmissen, um dieses Abenteuer selbst zu erleben.« Ich lächle, er lächelt. Wir lächeln alle. Klar, das ist nur zu verständlich. Naomi und Dan sind um die dreißig und arbeiten in einer Natur- und Wildnisschule in Nordengland. Sie wollten ihre Erfahrungen erweitern, ihre technischen und botanischen Kenntnisse vertiefen. Und auch John Thomas ist trotz seines jugendlichen Alters – zwanzig – und seiner großen Gelassenheit hoch motiviert.

John Michael macht in der Frühe sein Gepäck fertig.

Lynx bringt John Michael bei, wie man durch Reibung Feuer erzeugt.

Folgende Doppelseite: Nach einer Biwaknacht im Regen trocknen wir unsere Kleider und unsere Fellschlafsäcke.

Ich arbeite gern mit den Händen. Ich füge die Lederstücke aneinander und nähe sie zusammen. Mir wird bewusst, dass mir mein erster Beruf als Tischler enorm hilft. Instinktiv setze ich die Handgriffe ein, die ich während meiner Ausbildung gelernt habe. Im Gegensatz zu meinen Gefährten kann ich Proportionen abschätzen, den Materialwiderstand beurteilen, meine Werkzeuge schleifen. In gerade mal 24 Stunden ist meine Jacke fertig. Während ich im Schatten eines Baums die Fransen dafür zuschneide, fällt mir ein, wie ich als Junge in unserer Hochhaussiedlung Cowboy und Indianer spielte. Unter meinen Plastikfiguren war auch Davy Crockett, den ich hinter den Holzklötzen meines Fort Alamo vor den mexikanischen Soldaten in Sicherheit brachte. Auch er hatte Fransen auf den Schultern, und nun sitze ich hier mit meinen 57 Jahren und mache welche für mich selbst ...

Auf ihrer Wanderung ist Lynx mit ihrer Jurte von New Mexico nach Nevada und Oregon gezogen, um verschiedene Umgebungen kennenzulernen. Unterwegs hat sich ihr Vorname Lise ganz natürlich in Lynx verwandelt; der Luchs, ihr Totemtier, ist in der indianischen Mythologie dem Wind zugeordnet. Das gefällt ihr: »Ich will so leicht wie möglich leben, keine Spuren hinterlassen, so flüchtig wie ein Windhauch.«

Außer seltenen Abstechern, die sie mit ihrem alten Pick-up in »die Stadt« unternimmt, um ihre E-Mails abzurufen oder ein paar Besorgungen zu machen, lebt sie äußerst anspruchslos.

Ihre einzigen Einnahmen sind die Zuwendungen ihrer Schüler für die fünfmonatigen Kurse, die sie jedes Jahr gibt. Sie braucht 500 Dollar im Monat, sagt sie.

Lynx hat eine 18-jährige Tochter, die zwei Ausbildungen durchlief: die Schule der Natur und das *home schooling*. So konnte das Mädchen mit zwölf Jahren eine »normale« Schule besuchen, bei ihrem Vater in Seattle, wo sie inzwischen Internationalen Handel studiert ... Sie ist sehr hübsch, strahlend, wie ihr Name vermuten lässt: Klara. Sie fühlt sich in der Stadt, mit Jeans und Turnschuhen, genauso wohl wie im Wald, wo sie es ganz selbstverständlich findet, Feuer durch Reibung zu entfachen, barfuß zu wandern oder unter freiem Himmel zu schlafen.

Lynx untersucht Bärenkot in einer Lichtung, wo Wildbeeren wachsen.

Am Tag vor dem Aufbruch zu unserer Tour bereiten wir unser Gepäck vor. In meinem Bisonfell habe ich einen großen Sack mit Pemmikan (getrocknetes Fleisch vermischt mit Bärenfett), einen mit Trockenbeeren, zwei irdene Töpfe, meine gebrannte Holzschale, einige Abschläge von Feuersteinen, die ich in ein Stück Leder einwickle, damit sie nicht stumpf werden, eine Knochenahle, ein steinzeitliches Feuerzeug sowie ein bisschen Werg. Dazu Lederfetzen für Reparaturen, eine Filzweste, eine »Kalebasse« gefüllt mit Bärenfett sowie ein großes Lederband als Tragriemen für mein Gepäck. Das Ganze wiegt dreißig Kilo, ohne die Leica und die Filme. Alles Übrige lassen wir hinter uns zurück: Wanderschuhe, Strümpfe und Unterwäsche, Streichhölzer und moderne Feuerzeuge, Stirnlampen, Uhren, Leatherman (Multifunktionswerkzeug mit Kombizange), Kocher … Kein Zelt, nicht einmal eine Plastikplane, um uns vor Unwetter zu schützen, kein einziges Ersatzkleidungsstück.

Die Schüler nehmen nur das mit, was sie während ihrer Ausbildung selbst gemacht oder geerntet haben. Ich bilde eine Ausnahme mit meinen Leicas und meiner Stoffhose; in der kurzen Zeit konnte ich mir keine Lederhose machen. Als Lynx mich sieht, meint sie: »So bist du nun viel leichter auf dem Planeten unterwegs als bei deinen Himalaya-Touren, mit Petroleumkochern, Alu-Essgeschirr, Gore-Tex-Klamotten und Gummitretern.« Doch jetzt ist keine Zeit mehr zum Analysieren, es ist an der Zeit zu handeln.

Gegenüberliegende Seite: Die Schule der Natur: Dank Lynx' Unterricht erschließt sich uns eine ganze Welt.

Unten: Feuerbohren mit einem Fidelbogen – die aufwendige Technik lässt sich erlernen.

Es ist heiß. John Michael, der mit nacktem Oberkörper wandert, bleibt am Wegrand stehen. Mit flinker Hand fängt er etwas auf seiner Brust und steckt es in den Mund. Ich runzle die Stirn. »Hast du schon mal Ameisen probiert?« – »Nein.« – »Sind sehr erfrischend, haben einen leichten Zitronengeschmack, aber pass auf: Wenn du sie im Mund hast, musst du gleich draufbeißen, bevor sie dich in die Zunge pieksen.« Ich probiere es. Ziemlich knusprig, knackig könnte man fast sagen, dieser Panzer, und es schmeckt tatsächlich ein bisschen nach Zitrone …

Wir werden drei Wochen unterwegs sein. In der ersten Nacht biwakieren wir an einem See, auf einem Bergkamm. Wir baden, trinken aus Bächen und essen Beeren. In wenigen Tagen werden die Nahrungsmittel, die wir noch aus der »Zivilisation« mitgebracht haben – Linsen, Müsli und Trockenfrüchte –, aufgebraucht sein. Wir werden nur essen, was wir in diesem Sommer geerntet haben und was wir in unserer Umgebung finden.

Ich schaue uns an, mit unseren Lederklamotten, mit langen Bärten, riesigen Säcken, und ringsum die wilde Natur. Wir müssen völlig bekloppt sein. Ich bin mit einer Horde von »Trotteln« unterwegs … Aber nun bin ich schon so weit gegangen, jetzt will ich das auch konsequent zu Ende bringen.

John Michael bereitet in einem irdenen Topf einen Tee aus Kiefernnadeln zu. Es ist September, Beginn der Jagdsaison. Lynx kommt zum Lagerplatz zurück, in der Hand einen Auerhahn, den sie mit dem Bogen geschossen hat. Unser Abendessen. Sie setzt sich im Schneidersitz hin, öffnet ihre aus einem Schafsmagen bestehende Tasche, nimmt ihre Feuersteinabschläge heraus und macht sich daran, den Vogel zu rupfen und zu zerlegen, nachdem sie ihm zuerst gedankt hat: »Thank you little beast for the energy you give us.«[1] Wir schauen genau zu, bald wird das unsere Aufgabe sein.

Vorhergehende Doppelseite: Die Gruppe sucht einen geeigneten Platz zum Biwakieren.

Unten: Beim Sammeln von Wildbeeren.

Gegenüberliegende Seite: Biwak am Feuer.

1. »Danke, kleines Tier, für die Energie, die du uns gibst.«

Wir liegen im Kreis um das verlöschende Feuer, so schlafen wir in der Sternennacht ein. Können wir zu einem Clan, zu einer für unser Überleben unentbehrlichen »Meute« zusammenwachsen? Unsere Bisonfelle und Filzdecken schützen uns vor der Kälte.

In 1700 Metern Höhe kann das Thermometer sogar im Sommer unter null Grad fallen. Die Gruppe wacht vor Sonnenaufgang auf. Der Geruch von Feuer vertreibt den von feuchter Erde. Ein neuer Tag beginnt. Nach einem Frühstück aus Trockenbeerenfladen brechen wir auf zur Nahrungssuche. Lynx gibt uns Anregungen. Tag für Tag suchen wir lange nach Nahrung, manchmal mit einem quälenden Hungergefühl im Magen. Unsere relative Wehrlosigkeit zwingt dazu, stets mit wachen Sinnen durch die Gegend zu gehen. Lynx kennt die Namen der kleinsten Sträucher. Sie achtet darauf, dass wir jeden Speisepilz, jede essbare Pflanze auf unserem Weg auch entdecken.

Naomi zeigt uns Fußabdrücke im Schlamm, dort, wo wir uns gerade mit Himbeeren vollstopfen. »Es gibt hier keine Grizzlys«, sagt Lynx, »das war ein Braunbär.« Sein Kot ist lila, weil er sich ebenfalls an den Wildbeeren gütlich getan hat.

Der Fußabdruck eines Braunbären im feuchten Boden.

Gegenüberliegende Seite: Nachdem Dan beim Angeln in den See gefallen ist, trocknet er seine Kleider am Feuer.

Folgende Doppelseiten: Mit der Glut vom Vorabend entfacht John Michael frühmorgens das Feuer wieder.

Für das Frühstück am Feuer werden Pinienkerne ausgeteilt.

Der Angelhaken aus Horn

Angeln wie unsere Vorfahren aus der Steinzeit: Das gleicht einer Zen-Kunst. Die Ausrüstung ist rudimentär: ein Stock, eine Rosshaarschnur und ... ein Angelhaken aus Bisonhorn. Dieser prähistorische Vorgänger hat im Unterschied zu heutigen Angelhaken aus Metall keine Widerhaken, die dafür sorgen, dass der Fisch sich nicht leicht befreien kann ... Also kommt es auf das Timing an, denn man muss den Fisch genau in dem Moment aus dem Wasser ziehen, in dem er anbeißt. Wenn das klappt, so etwa jedes sechste Mal, macht die Forelle – zu unserer und sicher auch zu ihrer eigenen Überraschung – einen großen Luftsprung und landet zehn Meter hinter uns im Wald. Wir töten sie, nehmen sie mithilfe eines Feuersteins aus und grillen sie anschließend über dem Feuer.

Herstellung eines Angelhakens aus Horn und Angelpartie.

Lynx schnappt sich mein Notizbuch und schreibt: »Wie können wir an unsere Sinne glauben, wenn wir ihnen keine Chance geben? Wenn wir auf die Krücken unserer Zivilisation verzichten und wirklich an unsere geheimnisvolle Intuition glauben, wird die Magie von Neuem entstehen.« Lynx behauptet, die Technologie mache den Instinkt zunichte. Stimmt, nach ein paar Tagen ohne Stirnlampe habe ich den Eindruck, nachts besser zu sehen. Auch habe ich mich nach ein paar Tagen mit meiner leichten Kleidung an die Kälte gewöhnt.

An diesem Abend zieht ein Gewitter auf. Wir finden einen winzigen Felsvorsprung, an dem wir uns mit Steinen, Moos und Baumstämmen einen Unterstand bauen. Regen und Wind peitschen das Land, und wir schlafen aneinandergeschmiegt wie Tiere; wir haben nicht einmal Feuer, denn dafür ist kein Platz. Die Tour beginnt uns zu verändern. Erstmals zeigt sich so etwas wie ein Zusammengehörigkeitsgefühl.

Vorhergehende Doppelseite: Lynx angelt am Ufer des Sees, nachdem sie Angelrute und -haken selbst gefertigt hat.

Lynx beim Herstellen eines Pfeils mit einer Spitze aus Feuerstein.

Gegenüberliegende Seite: Lynx in ihrem Element, glücklich inmitten der Natur.

Am darauffolgenden Abend bin ich mit Feuermachen an der Reihe. Ich suche Reisig, trockene Gräser, Werg in einem verfaulten hohlen Baum. Feuerbohren, selbst mithilfe eines Feuerbogens, erfordert technische Kenntnisse, Übung und Konzentration. Die Körperhaltung ist dabei wichtig. In einer Hand hält man den Bogen, in der anderen den Stein, der von oben auf die Bohrspindel gedrückt wird. Wenn man den linken Fuß auf das Feuerbrett stellt, wird die linke Hand zur Stabilisierung gegen das linke Schienbein gestützt. Bei dieser Übung kommt es auch darauf an, den Atem nicht anzuhalten, sondern frei fließen zu lassen, eher lang und tief zu atmen. Die Sehne des Bogens spannt sich, auf die Spindel wird Druck ausgeübt. Zwischen den Hölzern entsteht Reibung. Nach etwa fünf Minuten steigt ganz leichter Qualm auf: das sehnlich erwartete Zeichen. Doch er muss noch stärker werden. Da ich mit meiner Kraft am Ende bin, höre ich auf. Ich lege den durch die Reibung erzeugten Holzkohlen-

staub so vorsichtig wie möglich in meine zitternde hohle Hand. Nach dieser heftigen Anstrengung habe ich starkes Herzklopfen und muss meine Atmung kontrollieren, um nicht das bisschen Holzkohlenstaub, in dem die winzige Glut glimmt, zu zerstreuen.

Als der Rauch dichter wird, setze ich die Glut auf das Nest aus trockenen Gräsern und blase in den Hohlraum zwischen meinen Händen. Nach einem langen, tiefen Atemzug lodert plötzlich die Flamme zwischen meinen Fingern auf. Was für eine Freude, was für eine Wohltat aus grauer Vorzeit! Die Kojoten heulen. Nach dem Essen sitzen wir schweigend beieinander und betrachten das ewige Spiel der Flammen. Wie unsere Vorfahren rücken wir am Feuer zusammen. Lynx taucht aus ihrer Erstarrung auf, und bevor sie sich in ihr Bisonfell hüllt, sagt sie wie zu sich selbst: »Das Feuer! Die Urform des Fernsehens.« Wir schlafen ein, nachdem wir die Reste unserer Mahlzeit mithilfe der Lederriemen zwischen zwei Bäumen aufgehängt haben, um sie vor den Bären zu schützen.

Links: Dan zieht die Ledermokassins an, die er selbst angefertigt hat.

Rechts: Mithilfe eines Pfeils mit einer Spitze aus Feuerstein bohrt er ein Loch in eine Kalebasse.

Gegenüberliegende Seite: Jagd auf Heuschrecken. Sie dienen beim Angeln als Köder.

Knochen und Stein

Nach zwei Wochen haben sich meine Mokassins abgenützt. Die Sohle ist durchlöchert, und ich kann damit nur weitergehen, wenn ich sie flicke. Doch diesmal ist es nicht wie in der Jurte. Ich habe keinen Metallstichel, auch keine Zange, Schere oder Nadeln. Ich habe nur eine stumpf gewordene Knochenahle, die ich an einem Stein schärfen muss! Ich schimpfe in Lynx' Beisein und sage zu ihr, schließlich sei ich nicht hier, um solches Zeug zu reparieren, sondern um die Tour zu fotografieren. Schlagfertig antwortet sie mir: »Nicht nur zu fotografieren! Sondern als Zeuge darüber zu berichten, zu verstehen! Und um etwas zu verstehen, musst du es erleben! Du musst all diese Dinge erfahren. Schau her! Du schärfst diesen Knochen an einem Stück Granit, du misst den Lederschnürsenkel ab, schneidest ihn mit dem Feuerstein, den du geschliffen hast, ab und ziehst ihn durch. Du suchst und konzentrierst dich. Du wirst stolz sein, glücklich, dass du das Produkt deiner Arbeit benutzen kannst. Einer sinnvollen Arbeit. Und sieh, wie schön und schlicht deine Vorgehensweise ist. Diesen Stein zum Schärfen deiner Ahle hast du selbst gefunden. Du musst ihn weder herstellen noch entsorgen. Er ist da, er wird immer da sein für den, der ihn braucht und ihn zu sehen vermag.«

Gegenüberliegende Seite: Lynx: Die letzten Handgriffe bei der Befiederung eines Pfeils.

Éric näht neue Ledersohlen an seine Mokassins.

Oben: Éric versucht mit einem Fidelbogen Feuer zu entfachen.

Schlechte Beerenernte, schlechte Jagdausbeute, schlechter Fischfang, schlechtes Wetter, Erschöpfung ... die Mägen knurren seit mehreren Tagen. Ich bin als Erster auf. Alles ist so reglos, so still, dass ich meine, eine lange Schwingung wie von einer tibetischen Klangschale zu fühlen, zu hören. Das ist das unablässige Summen der Erde.

Beim Trinken aus meiner Teeschale sehe ich mein Gesicht. Ich hebe den Blick zu meinen Gefährten und stelle fest, dass sie genauso abgezehrt aussehen. Wir haben abgenommen. Unsere Kleider, die von der Asche des Feuers, unserem Schweiß und dem Erdboden, auf dem wir schliefen, eine Patina bekommen haben, schlottern um unsere Körper. Als ich gestern versuchte, im Bergbach mit der Hand zu fischen, habe ich mich zu schnell aufgerichtet und bin fast ohnmächtig geworden. Wie ein indischer Sadhu mir vor langer Zeit empfahl, kaue ich meine Nahrung möglichst lang, damit sie mir so viel Energie wie möglich liefert. Unser Überleben hängt an einer ganz simplen Gleichung: Wenn wir bei der Nahrungssuche mehr Energie verbrauchen, als wir durch die Nahrung aufnehmen, bedeutet das über kurz oder lang den Tod. Durch diese Erfahrung mit Lynx entdecke ich grundlegende Zusammenhänge, die wir vor lauter Vertriebswegen und Supermärkten vergessen haben. Diese Entdeckung ist keine intellektuelle Leistung, sondern wir sind hier in direktem Kontakt mit unserer Realität als Menschen, ja als Lebewesen. Das hier ist keine theoretische Schulweisheit. Nein, die Realität beißt uns in den Bauch. Als ich Lynx' Bogen nehme, um auf die Jagd zu gehen (35 Pfund Zuggewicht, die in den USA für einen Jagdbogen erforderliche Mindeststärke), erlebe ich, wie mein Arm zittert, mein Blick sich trübt. Wie soll man so seine Beute erlegen? 3000 Kalorien verbraucht man bei dieser Lebensweise als Waldläufer am Tag, aber wie viele nehmen wir auf? Vielleicht die Hälfte? Trotz dieser vier Monate Praxis gehen unsere Kenntnisse

Vorhergehende Doppelseite: Lynx badet im klaren, eiskalten Wasser eines Bergsees.

Steinzeitliches Mahl auf der Grundlage von Wildbeeren.

nicht über die »eines siebenjährigen Papua« hinaus, findet Lynx. In einem Stamm ahmt das Kind die Gesten der Erwachsenen nach, ebenso natürlich, wie es sprechen lernt. Wir dagegen müssen alles aus eigener Kraft neu lernen. Die Techniken, die Kenntnisse über die Natur, die unsere Urahnen innerhalb von Jahrtausenden erworben haben, sind mit den letzten Naturvölkern in Vergessenheit geraten. Edward Sheriff Curtis, der vor über hundert Jahren einen Großteil seines Lebens bei den letzten traditionell lebenden nordamerikanischen Ureinwohnern verbrachte, erkannte: »Wenn ein Alter stirbt, ist das, als wenn man eine Enzyklopädie ins Feuer wirft.«

Kann die Natur im 21. Jahrhundert noch die Bedürfnisse von Jägern und Sammlern befriedigen, obwohl sie dermaßen überrannt und zurückgedrängt wird?

Beim Frühstück träumt Naomi von Pariser Croissants. Dan witzelt: »Vergiss nicht, sie sind noch gar nicht erfunden!« Ersatzweise kauen wir unsere Beerenplätzchen und ernten Kiefernzapfen. Ihre Kerne, die Piniennüsse, schmecken köstlich. Dafür sind unsere Finger klebrig vom Harz, das nicht mehr abgehen will. Lynx durchbricht die dünne Eisschicht eines Teichs und taucht unter, um ihr morgendliches Bad zu nehmen.

»Ich führe jetzt das Leben, das ich mir schon als Kind gewünscht habe«, bemerkt Dan. – »Ja«, meint John Michael, »keine Spur von dieser anderen Welt.« – »Wirklich?«, frage ich etwas ironisch. »Und was ist mit den Boeing 747, die sechsmal pro Tag über unsere Köpfe hinwegdröhnen?«

Vorhergehende Doppelseiten und folgende Seite: Am Ende eines kräftezehrenden Marschs über die noch warme Asche eines verbrannten Waldes.

Der Wald ist rußgeschwärzt von einem Brand. Allmählich zeichnet sich die Erschöpfung auf den Gesichtern ab.

Wir beschließen, den Lagerplatz zu wechseln. Nach einem Blick auf den ziemlich düsteren Himmel improvisiert Lynx mit einem Lederband einen Henkel für ein irdenes Gefäß und legt einige große Stücke Glut hinein. Auf dem ganzen Weg erhält sie diese

mit trockenem Holz am Glühen und bedeckt das Ganze mit einer Baumrinde, um die Glut vor dem Regen zu schützen. Ganz wie in *Am Anfang war das Feuer*.

Zwei Tage lang irren wir in einem Wald herum, in dem es gebrannt hat, ohne etwas Essbares zu finden. Die Entbehrungen haben uns zusammengeschweißt, aber allmählich spüre ich auch Schwachstellen. Vor unserer Tour hat Lynx mir gesagt, man könne nicht im Voraus wissen, wer durchhält und wer das Handtuch wirft. Sie hatte recht, und merkwürdigerweise sind es die Älteren, die am besten standhalten. Das Mentale scheint eine wesentliche Rolle zu spielen. Die Versuchung, sich wieder den Komfort der Zivilisation, leckeres Essen, zu gönnen, wird immer stärker. Eigentlich waren 21 Tage geplant, doch wir verkürzen unser Abenteuer um drei Tage. Vor der Überquerung des letzten Passes begegnen wir einem Ranger. Er ist einigermaßen überrascht, dass wir auftauchen, und fragt nach unserer Genehmigung. Die ist zwar kostenlos zu haben, doch immerhin befinden wir uns in einem Nationalpark, für den man einen Pass braucht. Lynx lächelt bezaubernd, der Ranger ist nett und lässt uns durch, aber als wir ein Stück weiter sind, rege ich mich auf: »Ein kostenloser Ausweis, und du kümmerst dich nicht darum, sondern riskierst, dass deshalb das ganze Projekt baden geht?« Sie antwortet: »Ja, ja, du hast ja recht, Éric. Aber ich bin nun mal allergisch gegen alles, was mit Bürokratie und Genehmigungen zu tun hat…« Wir setzen unseren Weg fort, ich gehe hinter ihr. Sie ruft: »Ich bin eine Rebellin, eine romantische Rebellin, *shit*! Da richten sie Reservate für die Natur, für Wildtiere ein – sollen sie doch auch welche für *wild women* einrichten!«

Gegenüberliegende Seite: Lynx sieht man den anstrengenden Marsch durch den Wald nicht an.

Folgende Doppelseite: Der Wald in der Umgebung von Lynx' Zuhause.

Tod & Talia

Ingenieure und Restesammler

Frei, sympathisch und verantwortlich

Tod und Talia

»Ask every question, question every answer«[1]
Colbert, 2009

Der zwei bis drei Meter breite Bach schlängelt sich zwischen großen Bäumen hindurch und verengt sich zuweilen, wenn er sich seinen Weg um die runden, bemoosten Felsen herum suchen muss. Es ist heiß, Tod trägt nur seine Ledershorts, an seinem Gürtel hängt ein altes Messer. Er ist kahlköpfig, hat einen langen, grau melierten Bart und eine athletische Figur. Er geht barfuß, das Wasser ist frisch und klar, und oft beugen wir uns tief über den Bach und trinken aus ihm. Tod spricht mit einer kräftigen, klangvollen Stimme.

»Die Appalachen«, sagt er zu mir, »sind die ältesten Berge von Amerika. Ihre Gipfel sind heute abgerundet, eher flach, aber diese Berge waren vor langer Zeit einmal höher als der Himalaya.« Er strahlt eine Mischung aus Kraft und Zartheit aus.

Die Natur ist wunderschön. Vom Grund des Tales, durch das wir aufwärtssteigen, ragen sehr hohe und sehr gerade Bäume in den Himmel. Manchmal versperren Baumstämme, die bei einem Sturm umgestürzt sind, uns den Weg und wir müssen sie überklettern. Dann wieder ducken wir uns unter den niedrigen Ästen der Rhododendren hindurch, von deren weißen Blüten der Erdboden übersät ist.

Tod bleibt stehen, um Goldmelissen zu pflücken, rote Blüten mit anregender Wirkung, die er in den Lederbeutel legt, den er über der Schulter trägt. Wir setzen uns ans Ufer.

»Gut ... nehmen wir mal an, ich bin einer dieser toleranten, sympathischen Typen und ich will, dass mein Computer und meine anderen Geräte mit einem Solarmodul betrieben werden, weil ich meiner

Vorhergehende Doppelseite: Bei der Waldarbeit.

Tod stillt seinen Durst an einem Bach in der Nähe seines Hauses.

Tod pflückt wild wachsende Blumen für den Tee.

1. »Stelle jede Frage, ziehe jede Antwort in Zweifel.«

Verantwortung gegenüber der Umwelt gerecht werden will. Damit das geschehen kann, muss irgendwo anders auf der Welt ein Ort, der genauso herrlich ist wie dieser hier, mit solchem Wasser, reiner Luft und wunderbaren Bäumen, zerstört werden. Man kann keine Industrieanlagen ohne massive Umweltschäden betreiben. Man kann ohne Zerstörung keine Stollen vorantreiben, und ich rede hier nicht vom Transport, von Rohstoffverarbeitung, von Fabriken … Ein Sonnenkollektor ist nicht so grün und ökologisch, wie man es gerne hätte. Natürlich erzeugt er, wenn er einmal installiert ist, sauberen Strom. Aber die Energie- und Umweltkosten seiner Herstellung sind sehr hoch. Trotzdem könnte man meinen, dass es nicht schlecht wäre, wenn alle Menschen Solaranlagen hätten statt Atomkraftwerke oder Kohlekraftwerke. Aber das ist genauso, als würde man ein Auto, das acht Liter pro hundert Kilometer verbraucht, gegen eines eintauschen, das nur sieben braucht, oder als würde man sagen, Pol Pot ist besser als Hitler. Auf die eine oder andere Art sind all diese Technologien entsetzlich destruktiv.«

Tod, der Mann mit der ruhigen Stimme und den bedächtigen Gesten, liebt den Frontalangriff, schockiert gerne. Aber seine Worte und Argumente sind logisch und stichhaltig. Er hat nachgedacht und sich gründlich über sein Thema informiert.

Tod kam 1966 in Maryland auf die Welt. Sein Vater, Nachrichtenoffizier in der Armee, war zweimal als Freiwilliger in Vietnam. Als junger Mann lebte Tod in den Tag hinein, bis er für viereinhalb Monate ins Gefängnis kam, weil er mit LSD gedealt hatte. Diese Erfahrung hat sein Leben von Grund auf verändert. Bei seiner Entlassung hatte er beschlossen, ernsthaft zu arbeiten und sich eine Karriere aufzubauen. Da er offensichtlich intelligent, geschickt und wissensdurstig war, erhielt er ein Stipendium der University of Washington, wo er seinen Bachelor in Elektrotechnik machte. Da er von früh an für die Natur und ihre Schädigung durch den Menschen sensibilisiert war, setzte er sein Studium an der University of California in Davis im Fachbereich für saubere und erneuerbare Energien fort. Er spezialisierte sich auf die Entwicklung von Batterien für Hybrid-Motoren mit Elektro- oder Wasserstoffantrieb.

Sein ehemaliger Professor Bryan Jenkins erinnert sich an ihn als einen brillanten, originellen, aber auch sehr pragmatischen Studenten.

Der 33-jährige Tod mit seinem Bruder Sean am Tag seiner Diplomfeier an der Universität Washington im Jahr 1999.

Die 17-jährige Talia 1983 in ihrem letzten Highschool-Jahr im kalifornischen Vacaville.

Tod vor der selbst gebauten Gemeinschaftshütte.

Folgende Doppelseite:
Talia und Tod bei der Arbeit vor ihrer Hütte.

Vielleicht war es diese Kombination, die Tod einen eklatanten Widerspruch erkennen ließ: Während er im Labor eine neue Generation von möglichst umweltfreundlichen und effizienten Batterien entwickelt, fällt ihm plötzlich auf, dass er, wenn auch geschützt von Brille und Handschuhen, ständig mit höchst gefährlichen Chemikalien hantiert.

»Und ich dachte ... Moment mal! Du willst eine reinere Welt schaffen und verwendest dazu ausgesprochen schädliche Chemikalien. Das ist doch völlig absurd. Du bekämpfst das Feuer mit dem Feuer. Das ist so, als würde man die Natur retten wollen, indem man für mehr Verschmutzung sorgt. Das ist kompletter Unsinn.«

Damals hatte er gerade seine Partnerin Talia kennengelernt, die darauf bestand, dass Tod trotz seiner Zweifel und inneren Widerstände sein Studium und seine Doktorarbeit abschloss.

Doch dann traf ihn ein zweiter Erkenntnisschock, nachdem er bereits zum militanten Umweltschützer geworden war.

> »Talia und ich waren unterwegs nach Seattle zu einer Demonstration gegen den Irakkrieg. Wir hielten an einer Tankstelle, und da kam mir die Absurdität unserer Handlungsweise zu Bewusstsein. Einerseits wollten wir ein Transparent schwenken, auf dem wir Nein zum Krieg sagten, andererseits füllten wir den Tank und sagten damit zu den Erdölgesellschaften und unserer Regierung: Ja, gebt uns weiter billiges Benzin, bohrt weiter, in immer ferneren Gegenden, nur zu, führt weiter Krieg.«

Nach und nach begriff Tod, dass weder in der Regierung noch an den Universitäten noch in der Wirtschaft irgendjemand die Absicht hatte, etwas gegen das Leid zu unternehmen, das wir der Erde zufügen. Habgier und Macht, nur darum ging es.

Auch auf Tod und Talia bin ich durch Mundpropaganda gestoßen, und ich machte mich auf die Suche nach ihnen. Auf den kurvenreichen Sträßchen hatte ich mich sicher ein Dutzend Mal verfahren, bis ich endlich in der Abenddämmerung hinter einer Kurve den Briefkasten mit der Nummer 9170 entdeckte.

Immer wieder war der Fahrzeugboden über die extrem steile Piste geschrammt, die zu einer Lichtung führte, auf der zwei alte Autos geparkt waren. Vor ihnen stand eine Hütte aus recyceltem Baumaterial. Am Telefon hatte Tod mir geraten, ich solle auf dem Pfad weitergehen, der neben der Hütte beginnt. Dieser Pfad führte über einen sehr abschüssigen Hang. Eine Viertelstunde später stieß ich auf eine zweite, robustere, ganz von Pflanzen überwucherte Hütte. Dort fand ich Tod und Talia, sie saßen am Feuer, an das sie mich einluden. Schnell hatten wir uns miteinander bekannt gemacht, sie boten mir eine Forelle an, die in einer gusseisernen Pfanne brutzelte, ich aß sie aus einer Holzschüssel, und dazu gab es eine Scheibe Vollkornbrot und eine Orange.

Nachdem wir die Nacht in der Hütte verbracht hatten, saßen wir am nächsten Morgen alle drei wieder am Feuer. Zum Frühstück gab es getoastetes Vollkornbrot, Butter und Bärenfett – köstlich! Tod und Talia saßen auf einem Schaffell. Talia ist eine freundliche, rothaarige Frau von 45 Jahren, die eher zurückhaltend wirkt. Aber als ich die Frage stellte, wie sich die Suche nach dem einfachen Leben auf sie als Paar ausgewirkt habe, war sie es, die mir antwortete: »Wir haben dasselbe gesucht, es konnte uns einander nur näher bringen, Tod und mich.« Talia war als junges Mädchen zur Luftwaffe gegangen und zur Wartung der F4-Kampfflugzeuge eingeteilt worden. Diese Arbeit ermöglichte es ihr, nach einer medizinischen Ausbildung ihr Krankenschwesternexamen abzulegen. Damals lernte sie auch Tod kennen. Sie ermutigte ihn nicht nur dazu, an der Universität Davis sein Studium zu Ende zu bringen, sondern wies ihm später, als er vollkommen desillusioniert war, auch den Weg in ein einfacheres Leben.

Zwei Jahre lang lebten sie auf einer Farm. Dann fand Talia 2004 ihre heutige Gemeinschaft, die im Grunde keine ist, sondern eher ein Stückchen Land am Rande eines geschützten Waldgebiets, das zum Anziehungspunkt für freiheitsliebende Menschen geworden ist. Hier wollten sie beide wieder lernen, ein naturnahes Leben zu führen.

Talia putzt Pilze für das Essen.

Talia beobachtet die Entwicklung der Bienenlarven in einem ihrer Bienenstöcke.

Man kreuzt bei solchen Menschen nicht mit Notizheft, Stift, Kamera und Fragen auf. Auch wenn ich fremde Volksgruppen in Asien aufsuchte, bemühte ich mich, ihnen im Alltag zu helfen, mich beliebt zu machen.

Ein plätschernder Bach, ein wärmendes Feuer, Rinde auf der Hütte, ein Tierfell als Sitzplatz, Bärenfleisch auf dem Teller ... wo bin ich?

Mit Tod und seiner großen Schrotsäge zerlege ich tote Baumstämme, die wir dann mit einer Doppelaxt weiter zerteilen.

Ich frage ihn, ob ihm nicht das erregende Gefühl beim wissenschaftlichen Forschen und die intellektuelle Stimulation fehlen, an die er doch gewohnt war. Darauf antwortet er verblüfft: »Aber sieh dich um, was ich alles lernen muss – die Natur hier um uns herum, die Hütten, die wir mit eigenen Händen gebaut haben und die, abgesehen von den Fenstern, ausschließlich aus Material aus dem Wald bestehen, kein einziger Nagel ist dabei.« Auch Talia arbeitet, sie stellt ein Lexikon der Pflanzen aus der Umgebung zusammen. Im Wald hat sie einen Garten angelegt, der viel Zeit kostet, und außerdem betreut sie zwei neue Bienenstöcke.

Ihr Leben setzt sich zusammen aus Streifzügen durch den Wald, dem Sammeln essbarer Pflanzen, dem Hausbau, dem Zersägen von Holz zum Feuermachen, dem Gerben der Häute mit Rindensaft für Kleider und Taschen und der Lektüre der Bücher in ihrer Bibliothek, die vom Wissen der Urvölker, von Soziologie und Geschichte handeln.

Als ich eines Abends die radikale Veränderung ihrer Lebensform anspreche, antwortet Tod: »Nachdem wir unseren Glauben an die Technologie verloren hatten, standen wir vor der Wahl:

– Weitermachen wie bisher, das heißt uns sagen, dass wir so oder so nichts tun können. Zur Arbeit gehen und auf den Freitagabend warten, Joints rauchen und Alkohol trinken, um die Schuldgefühle, die Trauer und die Wut zu ertränken. Das war die erste Möglichkeit!
– Aktivist werden (was ich zwei Jahre lang war) und für eine gerechte Sache kämpfen. Aber ich sage es noch einmal: Wenn ich Computer und Strom benutze und das Flugzeug nehme – was notwendig ist, wenn man effektiv arbeiten will –, leiste ich einen Beitrag zur Zerstörung und zur Ausbeutung der Natur, wogegen ich doch eigentlich kämpfe.
– Oder die dritte Lösung, die wir gewählt haben: so unabhängig wie möglich vom System werden.

Tod und Éric bei der Arbeit.

John, ein alter Zimmermann, erklärt Tod, wie man eine Schrotsäge schärft.

Mein Ziel ist es, eine Lebensform zu finden, bei der ich dieses monströse, destruktive, mörderische System so wenig wie möglich brauche. Ich will in der Lage sein, ohne die Dick Cheneys dieser Welt leben zu können.

Amerika stützt sich auf Banditen, die bereit sind, Kinder zu ermorden, damit sie das Erdöl unter deren Leichnamen fördern können. Die Industrieländer bleiben stark, weil sie zu dieser Art Brutalität fähig sind. Ich möchte gerne existieren, ohne dass jemand Menschen umbringen muss, um mich am Leben zu erhalten.

Aber ich halte mich überhaupt nicht für ein Paradebeispiel für nachhaltige Entwicklung oder Selbstgenügsamkeit. Für mich haben sich solche Worte abgenutzt, sie haben ihren Sinn verloren. Diese magischen Worte wie … Unabhängigkeit! Auch so ein Begriff, der keine Bedeutung mehr hat.

Amerika ist angeblich das Land der unabhängigen, freien Menschen, aber in Wahrheit sind wir vielleicht das am wenigsten unabhängige Land der Welt. Unabhängigkeit bedeutet: imstande sein, sich selbst zu versorgen. Aber wir sind unfähig, uns allein zu ernähren, uns Wasser zu beschaffen, unsere eigene Scheiße, unseren Urin und unsere Abfälle zu entsorgen. Die multinationalen Konzerne übernehmen das für uns. Wo siehst du da irgendwo Unabhängigkeit?«

Noch etwas anderes ist Tod mit der Zeit bewusst geworden, erzählt er mir: dass Angst und Hoffnung dazu benutzt werden, Menschen unter Kontrolle zu halten.

»Es genügt, wenn man die Angst vor einer ökologischen Katastrophe oder dem Terrorismus schürt und dann Hoffnung verbreitet, Hoffnung darauf, dass die Regierung oder die Wissenschaft, die Technologie oder die Armee die Dinge schon für uns regeln werden. Man versichert den Leuten, dass sie selbst nichts tun müssen. Sie müssen nur gute Bürger sein, ihre Steuern zahlen, weiter arbeiten und konsumieren. Die Politiker sind Opportunisten, sie sind Experten in der

Ein Schrottplatz am Straßenrand.

Ein Schild mit der Aufschrift »For Sale« (Zu verkaufen), Symbol eines abgewirtschafteten Amerika.

Kunst, Situationen zu ihrem Vorteil auszulegen. Die Angst, die sie uns machen, basiert auf sehr realen Ursachen, die aber oft manipuliert und übertrieben werden. Und es ist seltsam: Immer, wenn sie merken, dass die Unzufriedenheit wächst, erhöhen sie die Alarmstufe, von Gelb auf Rot, von eins auf vier. Aber die Angst allein genügt nicht, der Konsum muss weiter vorangetrieben werden. Wegen des Terrorismus muss man weiter Steuern zahlen, um die unersättliche Kriegsmaschinerie in Gang zu halten. Im Fall der Klimaerwärmung werden angeblich die Regierung, die Wissenschaft und die Industrie Lösungen für uns finden. Man muss nur ›grün‹ und ›erneuerbar‹ einkaufen.« Ich senke den Blick und nicke.

»Tod, welche Last du auf deinen Schultern trägst!«, bemerke ich einmal ihm gegenüber. »Nein, gar nicht, im Gegenteil, ich versuche, diese Last so weit wie möglich zu verringern. Natürlich wird mein Handeln nichts an den großen Zusammenhängen ändern. Aber für mich ändert es alles. Ich kann es nicht mehr ertragen, dass ich mich jedes Mal, wenn ich einen Lichtschalter betätige oder einen Motor anlasse, unwohl fühle. Je seltener ich so etwas mache, desto besser geht es mir. Ich will diese Schuld, diese Trauer nicht mehr in mir spüren. Mein Herz ist leichter geworden.«

Wir stehen auf der Lichtung, und Tod stemmt die Motorhaube seines riesigen Pick-ups hoch. Über den Motor kriecht eine merkwürdige Krake aus Schläuchen, Hebeln und Filtern. Der Ingenieur hat seinen alten Ford Diesel so umgebaut, dass er jetzt mit altem Bratöl fährt; bevor das Öl den Motor erreicht, wird es gefiltert. Tod holt seinen Treibstoff in den Fast-Food-Restaurants der Umgebung. Auf dem Armaturenbrett befinden sich Druckmesser, Kontrolllampen und Schalter, mit denen er den Kreislauf kontrollieren kann. Aber Tod ist kein Dummkopf: Er weiß, dass er während der fünf Minuten, die nötig sind, um die Mechanik aufzuheizen, weiterhin vom Dieseltreibstoff abhängig ist, und dann gibt es da auch noch das Motoröl, die Filter, die Bremsflüssigkeit, die Reifen, die Straße. Mit seinem Fahrzeug schadet er der Umwelt deutlich weniger, aber er ist immer noch abhängig vom »System«.

Tod überprüft das Kabelsystem am Motor seines Fahrzeugs.

»Ich zeige dir jetzt eine unbekannte Facette Amerikas und weihe dich in die Kunst des *dumpster diving* ein.«

Tod in seinem alten Bedford-Pick-up.

Als wir auf die Stadt zu fahren, ist Tod ganz aufgeregt. Er erzählt mir, wie er diese unerschöpfliche Goldmine entdeckt hat. Nach seinem Studium lebte er zwei Jahre lang mit Talia auf einer Farm in Sacramento, um sich dem Modell eines einfacheren Lebens anzunähern. Sie besaßen einen Garten und hielten Geflügel und Schweine.

Diese Tiere fraßen einfach alles, und da die Farm in der Nähe der Stadt lag, fingen Tod und Talia an, sich das Futter für die Aufzucht der Tiere aus den Containern hinter den großen Verbrauchermärkten und Restaurants zu holen. Angesichts der Menge und Qualität der Lebensmittel, die sie dort fanden, ergab es sich wie von allein, dass sie auch selbst davon aßen. Denn die Joghurts, der Käse und die Eier hielten sich auch nach dem Verfallsdatum noch wochenlang. Fleisch und Tiefkühlfisch waren noch mehrere Tage genießbar, in einem Eisschrank sogar eine Woche. Und so weiter.

In den Shopping Malls, die sich am Stadtrand der amerikanischen Städte ausgebreitet haben, findet sich Tod mühelos zurecht. Wir verlassen einen überfüllten Parkplatz und fahren zwischen einer Betonmauer und einem hohen Gitterzaun hindurch. Dann sind wir an der Rückseite des Supermarkts und halten neben großen grünen Metallcontainern.

Aus dem Augenwinkel heraus beobachte ich, ob sich in der Nähe etwas bewegt. Niemand da, jedenfalls nicht in der Nähe. Irgendwie fühle ich mich schuldig. Er dagegen klettert ohne zu zögern äußerst geschickt auf einen der Container, schiebt den Deckel auf und springt hinein. Er öffnet die großen Plastiksäcke und ruft begeistert: »Sieh mal, Milch, Eier, Käse – sogar italienischer! Bagels! Schnell, hol mir einen leeren Karton.« Ich versuche, meine Scham zu verbergen, und würde gerne vor mich hin pfeifen, was ich gerne tue, wenn ich die Fassung bewahren will. Der wohlerzogene Franzose in mir begehrt auf. Eine innere Stimme flüstert mir zu: »Cool bleiben! Éric, du bist hier, um zu entdecken, zu lernen, zu erleben.« Keine quietschenden Reifen, keine Polizeisirene, niemand kommt und will uns verhaften. Der Platz hinter der Mall ist absolut menschenleer. Ich entdeckte auf dem Dach eine Kamera, aber niemand kümmert sich um uns.

»Dieser Supermarkt lässt die Leute an seine Container heran«, erklärt Tod, »andere vernichten ihre Restbestände, indem sie sie mit chemischen Mitteln besprühen oder am Ausgang zerkleinern.«

Erst zehn Meilen weiter, beim dritten Supermarkt, springe ich mit Tod in die Container hinein. Talia hält draußen den Karton. Ich muss unwillkürlich laut auflachen, als mein Begleiter eine Pastete empört zurückwirft, nachdem er das Etikett gelesen hat: »Die enthält Natriumglutamat, so etwas essen wir nicht!« Wir finden Dutzende griechische Bio-Joghurts, Mozzarella, Olivenöl, Ricotta, Frischkäse, Reis, Vollkornmehl, Kohl, Kartoffeln, Bio-Hähnchenschenkel, Thunfisch, Schwertfisch, Fischfilets, Salat, Orangen, Äpfel, Orangensaft und so weiter. Ich gehe zu einem ungefähr fünfzigjährigen Mann, der hinter dem Supermarkt auf der Betontreppe steht, die zum Container führt, und eine Zigarette raucht. Ich frage ihn, was er von dieser ganzen Verschwendung hält. Er arbeitet seit 34 Jahren hier und bezahlt mit seinem Gehalt die Ausbildung seiner Kinder und den Kredit für das Haus. Er tut, was man von ihm verlangt, mehr gibt es nicht zu sagen.

Am Ende des Tages ist der Pick-up vollbepackt mit Essenskartons, und Tod beschließt, in der nicht weit entfernten Aufzugsfirma Holz zu holen. Auf uns warten große Stapel Kiefernbohlen von zweieinhalb Metern Länge. Sie werden in Kanada hergestellt und weggeworfen, nachdem sie nur einmal zum Schutz der Transportgüter gedient haben. Wir ziehen zehn Nägel heraus, und sie sind wie neu. Die Ladefläche des Pick-up ist bis oben hin voll. Als wir zurückfahren, bemerkt Tod wie zu sich selbst:

»So kann man die Erde nicht behandeln. Man kann sie nicht ausweiden, sie ummodeln und das wegwerfen, was sie uns gibt, und dann erwarten, dass sie uns auf ewige Zeit erhält.«

Auf der Autobahn erzählt er dann noch die folgende Geschichte: »Manchmal kommen Leute aus der Stadt zu uns in den Wald und fragen: ›Lebt ihr von der Erde?‹ Ich antworte ihnen: ›Aber wissen Sie, sogar in Tokio, in New York, in Las Vegas und an jedem beliebigen Ort dieser Erde leben Sie von der Erde!‹ Wovon kann man denn leben, wenn nicht von der Erde!«

In den USA werden fast vierzig Prozent der Nahrungsmittel weggeworfen[2]. Fassungslos spreche ich Tod darauf an. Seine Antwort macht mich nachdenklich.

»Du musst dir vorstellen, diese Nahrungsmittel wurden gepflanzt, geerntet, transportiert, bearbeitet, verpackt, weitertransportiert und schließlich weggeworfen. Millionen Menschen waren an ihrer Herstellung beteiligt, überall auf der Erde, vom Bauern bis zum Düngemittelfabrikanten, vom Supermarktverkäufer bis zu denen, die den Überschuss recyceln, vernichten oder vergraben. Ohne diese Überproduktion wäre eine unabsehbare Anzahl Menschen arbeitslos, und das würde die Wirtschaft sicher in die Krise stürzen.«

Die Einzelhändler, die die Waren abnehmen, können diese Verluste abschreiben. Tod ist ein unermüdlicher Restesammler. Wenn das einmal nicht mehr möglich sein wird, will er seine Nahrung direkt aus der Natur beziehen. Aber das Wissen der Vorfahren, die in diesen Wäldern lebten, ist uns abhandengekommen. Und mit dem Verschwinden der Bisons, der Elche, der einst reichlich vorhandenen Fische und der Walnussbäume, die den Indianern Nahrung boten und die im 19. Jahrhundert systematisch gefällt wurden, ist es schwierig geworden, ausschließlich vom Wald zu leben.

Tod holte Blaubeeren, Orangensaft und Joghurt aus dem Müllcontainer eines Nachbarorts.

Tod und Talia durchsuchen einen Abfallbehälter in der Stadt nach Essbarem.

Bei Tod und Talia ernähren wir uns abwechselnd von Lebensmitteln aus dem Container und dem, was die Natur bietet: Pilzfrikassee, Porridge aus Eicheln, die im Fluss nach Indianerart von ihren Bitterstoffen befreit wurden. Hirschfleisch, frisch oder gleich nach der Jagd eingelegt oder aber am Straßenrand gefunden – als Opfer eines der berühmten *roadkills*, wie sie jedes Jahr in Nordamerika zu Hunderttausenden vorkommen. Oder Bärenfleisch, das die Jäger zurückgelassen haben, mit denen Tod und Talia gute Beziehun-

2. Kevin D. Hall, Juen Guo, Michael Dore, Carson C. Chow: The Progressive Increase of Food Waste in America and its Environmental Impact, Laboratory of Biological Modeling, National Institute of Diabetes and Digestive and Kidney Diseases, Bethesda (Maryland), 2009.

DO NOT PARK
GDS

gen pflegen und die sich oft nur für den Kopf des Tieres als Trophäe interessieren.

»Seit meiner Jugend nehme ich bewusst wahr, wie wir mit der Erde umgehen. Ich wollte Ingenieur werden, um zu lernen, wie man die Technologie einsetzt und die Beziehung zwischen Mensch und Natur verbessert. Mit der Zeit habe ich erkannt, dass das Ganze nur ein Bluff war und dass alles, was ich gemacht habe, mehr Kapital und mehr Energie, die dem System zugeführt wird, erzeugte, mehr Geld und damit eben auch gleichzeitig mehr Zerstörung. Talia und ich haben uns entschlossen, all das hinter uns zu lassen, ich lebe jetzt im Wald, und die Menschen, die ich kenne, meine Freunde, meine Familie, reden unermüdlich auf mich ein: ›Tod, du als Forscher, du als Ingenieur bist es dir schuldig, für uns alle eine Lösung zu finden!‹ Aber dabei vergessen sie zu ergänzen, dass sie alle genau wie bisher weiterleben und konsumieren wollen. Sie stellen sich vor, dass die Wissenschaftler neue Konsumgüter erfinden werden, die es ihnen erlauben, nachhaltig und ökologisch verträglich zu leben. Das ist unmöglich. In Wirklichkeit muss sich unsere gesamte Lebensweise ändern.«

Bei Tod und Talia werde ich nicht geschont, aber ich halte durch, und es ist der Mühe wert. Und bei der Arbeit mit der Säge, jeder an seinem Ende, und auf den langen Märschen durch die Umgebung ist eine schöne Verbundenheit entstanden.

Pilzfrikassee mit Bärenfett und Eichel-Porridge.

Als ich Tod eines Morgens beim Arbeiten fotografiere, blickt er mich durchdringend an.

»Ich mag die Aufmerksamkeit, die du mir schenkst, ich schätze unsere Diskussionen, ich bin froh, dass du aus Frankreich gekommen bist, um dieses Buchprojekt zu realisieren. Aber deine Arbeit als solche betrachte ich mit sehr zwiespältigen Gefühlen. Wenn wir deine gute Absicht mal außer Acht lassen, an der ich nicht zweifle, wird deine Reise Folgen haben: eine größere Zerstörung des Nildeltas, mehr Stromverbrauch, mehr gefällte Bäume, mehr Tinte und Chemikalien, damit du deine Filme entwickeln und Bücher drucken kannst, mehr Transporte, also mehr Verschmutzung und Vernichtung. Immer wenn man die Werkzeuge des Systems verwendet, um das System zu verändern, stellt man fest, dass es so nicht funktioniert.

Man könnte meinen, dass die Aktivisten, die die Geräte der Holzfäller demolieren, dem Wald etwas Gutes tun. Das stimmt nicht! Man macht die Geräte kaputt, sie werden auf die Mülldeponie geworfen, man schafft mehr Abfall und eine Nachfrage nach immer neuen Geräten. Dieser Teufelskreis wird sich fortsetzen, bis das System unter seinem eigenen Gewicht zusammenbricht, bis es an seiner eigenen Dummheit, seiner eigenen Absurdität erstickt.

Ich behaupte nicht, dass es unmöglich ist, glücklich zu sein, aber … Wenn man all das weiß, ist es sehr vernünftig, darüber traurig zu sein. Es gibt so viel Trauriges auf der Welt: die Umweltzerstörung, die vom Aussterben bedrohten Arten, die Brutalität der Menschen untereinander, Gefängnisse und dergleichen. Amerika ist das Land, in dem der prozentual größte Anteil der Bevölkerung im Gefängnis sitzt. Das alles ist so traurig. Und sieh dir an, was das Fernsehen uns bietet. Diese Typen wie James Bond werden als glückliche Menschen gezeigt, sie fahren große Schlitten, kleiden sich modisch, kriegen die hübschen Mädchen, spielen und gewinnen. Und diese ganzen Hochleistungssportler mit ihren schicken Frisuren, ihrem Schmuck, ihren schönen Häusern und ihren Girlfriends. All das gibt einem das Gefühl, dass etwas mit einem nicht stimmt, wenn man nicht glücklich ist. Und wenn du das alles einmal hast – im Wesentlichen geht es um Konsumgüter –, dann wirst du glücklich sein. Ich für mein Teil kann das Glück so nicht finden. Oder ich bräuchte ganze Wagenladungen Antidepressiva.

Du kannst sagen, was du willst: Für mich ist es Wahnsinn, die Natur zu zerstören. Sicher, dein Buch wird vielleicht manchen Menschen zu mehr Bewusstsein verhelfen …« Doch dann senkt er den Kopf und fügt hinzu: »Ich weiß sehr wohl, dass mein Verständnis der Welt begrenzt ist … Vielleicht sollte ich aufhören mit diesem ganzen Idealismus, mit diesem endlosen Aneinanderreihen von Worten. Ich gehe zweimal im Monat in die Bibliothek im Dorf, um meine E-Mails zu lesen. Ich kaufe Bücher, ich fahre mit meinem Pick-up. Ich könnte das alles sein lassen, aber das würde bedeuten, dass ich auch meine Freunde und meine Familie im Stich lasse. Es würde bedeuten, dass ich auf viele Dinge verzichte, an die ich mich gewöhnt habe, wie meinen koffeinfreien Kaffee mit Sojamilch.«

Vor fünf Jahren besuchte ein alter Mann Tod und Talia. In seiner Jugend, erzählte er ihnen, wurden alle Bäume hier gefällt. Die Hügel in der Umgebung waren vollkommen kahl oder mit Mais bepflanzt. Er führte sie in den Wald und zeigte ihnen die Überreste einer alten Bahnlinie und sogar einer Brücke über den Bach. Weiter oben, beim Zusammenfluss der beiden Wasserläufe, deutete er auf die kaum noch sichtbare Ruine eines Sägewerks, die von Pflanzen und Moos überwuchert war, und auf große, verrostete Metallblöcke. Der Fluss war vor der Abholzung in den 1920er-Jahren viel breiter gewesen, erklärt er ihnen. Das Wasser wimmelte nur so von Forellen, von denen sein Großvater sich ernährt hatte.

Tod und Talia führen mich an diesen Ort. Ich muss wirklich ganz genau hinsehen, damit ich die letzten Spuren der Menschen erkenne, die vor neunzig Jahren den Wald abgeholzt haben. Der Wald hat sich das Gelände zurückerobert, und auch wenn die Forellen noch nicht zurückgekehrt sind, fügen sich die großen Metallklötze in die Landschaft ein wie bizarr geformte Felsen.

Mason

Der Mann am Ende der Straße

»Die Zeichen sind klar für diejenigen, die sie lesen wollen.«

Mason

»Die Zeichen sind klar für diejenigen, die sie lesen wollen.«

Es regnet stark in Tennessee an diesem Frühlingstag. Fünf Stunden lang sind wir auf dem Interstate Highway gefahren, dann von ihm abgebogen. Erst auf eine Schnellstraße, dann auf eine schmale, gewundene Landstraße, und dann ging es, ganz unten im Tal, hinter der Trauerweide nach rechts, über eine Brücke, die nicht einmal ein Geländer hat. Als links die ersten Häuser auftauchen, verlassen wir die befestigte Straße. Nach wenigen Minuten verändert sich die Landschaft, sie wird wilder. Es herrschen chaotische Straßenverhältnisse. Schlammpfützen und felsiger Untergrund wechseln sich ab, dann schliddert das Auto steil abwärts und kommt schließlich vor einem etwa sechs Meter breiten Wasserlauf zum Stehen. Ich fahre vorsichtig weiter; in der Mitte der Furt ist das Wasser ungefähr dreißig Zentimeter tief, und die Strömung ist beträchtlich. Ich will gerade in den ersten Gang zurückschalten, um kehrtzumachen und das steile Stück hinter uns wieder hinaufzufahren, da legt mir Dustin, mein Lotse, die Hand auf den Unterarm. »Nein, nein, nach links.« Ich blicke ihn verwirrt an. »Wie, links … aber da ist der Fluss!« – »Doch, links«, wiederholt er, »du wirst schon sehen, das geht gut.« Ich werfe einen Blick in den Rückspiegel: Dustins Frau Janet, die auf der Rückbank sitzt, zwinkert mir zur Bestätigung ermutigend zu. Na gut. Dustin kennt diese Gegend ebenso gut wie ihre Bewohner, er hat viel Zeit hier verbracht und dauerhafte Freundschaften geschlossen. Er weiß, wovon er spricht …

Das Flussbett besteht aus Steinplatten, die wie Treppenstufen übereinanderliegen. Mein Auto ist für ein solches Gelände nicht geeignet. Dennoch erreichen wir nach einer Meile und gelegentlichen beunruhigenden Kratzgeräuschen unbeschadet trockenes Land am

Vorhergehende Doppelseite: Mason kommt aus dem Hühnerstall, die Hände voller Eier.

Der Fluss, der einzige Zufahrtsweg zu Masons Haus.

linken Flussufer. Ich habe Herzklopfen: Was wird mich am Ende der Straße erwarten? Seit einem Jahr erzählt man mir von diesem Mann. Er wohnt in den Appalachen. Aber wo genau? Als ich Dustin fragte, lächelte er ironisch: »Alleine wirst du ihn nicht finden, mit der Landkarte nicht und nicht einmal mit einem GPS.« Er hat recht behalten.

Der Mann, den wir besuchen wollen, heißt Mason. Er ist das, was man in den USA einen *ghost* nennt, einen Geist. Er hat kein Bankkonto, keinen Führerschein, keine Sozialversicherungsnummer, kein Telefon, nicht einmal eine Adresse. Er taucht in keinem Verzeichnis auf…

Ein Wald, dann noch ein Gebirgsbach, den wir durchqueren müssen, und noch einmal ein steiler Anstieg. Dann endlich ein Haus. Dustin gibt mir Zeichen, ich soll anhalten. Im Türrahmen hebt sich eine schlanke, von einem hellen Cowboyhut gekrönte Silhouette von der Dunkelheit ab. Als wir näher kommen, steht der Mann rasch auf. Sein Gesicht erinnert an Porträts aus dem 19. Jahrhundert; die Schultern sind breit, den Kopf trägt er hoch erhoben auf einem kräftigen Körper.

Er erkennt Dustin und dessen Frau, umarmt beide und sieht zum ersten Mal ihr elf Monate altes Baby Esther. Über dem dichten weißen Bart blicken die Augen zärtlich auf das Kind. Dustin stellt uns einander vor. Masons Händedruck ist ungezwungen, und seine melodische Stimme verrät den Südstaatler. Die Dämmerung bricht an, wir gehen ins Haus. Masons Frau Orpha-Lee gesellt sich zu uns. Sie ist kleiner als ihr Mann. Ihre langen, weißen Haare, die ihr offen um das Gesicht fallen, unterstreichen das Blau ihrer Augen und ihren rosigen Teint. Sie hat weiche Gesichtszüge. Mit ihrer stillen Gegenwart gibt sie sich als ein in sich ruhender, geradliniger Mensch zu erkennen. Sie ist bei ihm, an seiner Seite, heute, gestern, schon immer.

In ihrem Haushalt stammt, mit Ausnahme eines Gaskühlschranks, nichts aus der modernen Welt. Sie haben keinen Fernseher und auch kein Radiogerät. Was für ein Ort! Ich befinde mich im Herzen des Mittleren Westens, jenseits der Zeit. Ich lehne das Zimmer im oberen Stockwerk ab, das sie mir anbieten, und breite meinen Schlafsack draußen unter dem Vordach aus. Ich will die Natur in mich aufnehmen, den Regen, den berauschenden Geruch der feuchten Erde. Ich habe das Gefühl, ich muss in dieses neue Universum eintauchen. Ich gebe Mason keine Erklärung, und er nimmt keinen Anstoß, sondern sagt nur, dass er im Herbst bei der Jagd auch gerne draußen schläft.

Snoopy und sein Herrchen.

Jeder mit einem Becher Kaffee in der Hand, sitzen wir am nächsten Vormittag auf einem großen Sofa, dessen Federkern offenbar schon lange den Geist aufgegeben hat, so tief versinkt man darin. Mason stellt mir mit seiner ernsten, melodischen Stimme Fragen zu einem Buch, das ich immer bei mir habe, damit ich meine Arbeit erläutern kann. Ich erzähle vom Himalaya, von den Yaks, den Nomaden, den Bienen. Plötzlich richtet sich mein Gastgeber auf und zielt mit dem Finger wie mit einem Revolverlauf auf mich: »Du bist das?!«

Bevor ich etwas antworten kann, ist er schon über die knarrende Treppe nach oben verschwunden. Um mich herum fragende Blicke und verlegenes Schweigen. Was habe ich gesagt oder getan?

Eine Viertelstunde später kommt er wieder und wedelt mit einer Ausgabe von *National Geographic*, in der mein erster Artikel über die Honigsammler abgedruckt ist.

»Ja, das bin ich«, bestätige ich erleichtert. Irgendwie kennen wir uns schon seit Langem.

Als wir nach draußen gehen, scheinen seine Pferde, zwei riesige, friedliche Tiere, eine Kreuzung zwischen Percheron und belgischem Kaltblut, schon auf ihn zu warten. Er gibt ihnen Mais, spricht mit ihnen und entlässt sie dann auf die Weide, ohne sie aus den Augen zu lassen.

»Wir haben hier nicht viel Geld, aber von dem, worauf es ankommt, haben wir reichlich«, sagt er zu mir, »Wasser, saubere Luft, gesundes Essen, Zeit für die Familie. Ich habe das Haus gebaut, ich arbeite auf den Feldern, ich ernähre meine Familie, ich sorge gut für meine Pferde, die für uns sorgen … das ist mein Leben, mein ganzes Leben.«

Dann fügt er nach einer kurzen Pause hinzu: »Bleib einige Zeit bei uns, wenn du willst.«

Er öffnet ein Gatter, durch das sich die Pferde drängen, zieht die Stiefel aus und geht barfuß weiter. Ich tue es ihm nach, ohne Fragen zu stellen. Zwei Hunde – Snoopy, eine kleine Bulldogge, und Loe, ein kurzbeiniger Labrador – trotten brav ein paar Meter hinter uns her. Vor uns liegt eine in Wellen verlaufende Wiese, an deren hinterem Ende ein Fluss fließt, der am anderen Ufer von dichtem Wald eingefasst ist.

Mason zeigt mir sein Land, seinen Schatz. Er und Orpha-Lee bauen alles an, was man anbauen kann: Mais, Kartoffeln, Knoblauch, Zwiebeln, Kohl, Rüben, Riesenkürbisse, Gurken, Tomaten, Zucchini, Erdnüsse, grüne und gelbe Paprika, Chili … Ich bin voller Bewunderung. Mason

Mason und seine Frau Orpha-Lee in der Tür ihres Hauses.

Mason bricht zur Jagd auf.

nickt. »Wenn man etwas liebt, macht man es gerne.« Seine Erklärung entspricht seinem Charakter: Sie ist einfach, klar, vernünftig. Wenn er nicht auf dem Feld arbeitet, jagt er; wenn er nicht jagt, schmiedet er seine Arbeitsgeräte. Außerdem trainiert er Pferde für das Zweiergespann, was ihn weit über seine Wälder hinaus bekannt gemacht hat. Zwischen Mason und seinem Land besteht Einklang. Er hat sein Holzhaus gebaut, ein System aus Wasserleitungen angelegt und scheint überhaupt alles zu meistern. Sein einziger Regelbruch ist ein alter Quad, aber ansonsten kann er mit der Axt ebenso gut umgehen wie mit dem Gewehr und mit dem Stemmeisen so gut wie mit dem Amboss. Er kann alles. Im Gegensatz zu uns ist er der Prototyp des Generalisten. Er verkauft Geschirre für Pferdegespanne, die er mit eigenen Händen genäht hat, und Ginseng, den er am Sommerende in den Wäldern der Umgebung gesammelt hat, um ab und zu ein paar Kleidungsstücke oder etwas Benzin erstehen zu können. Was will man mehr? Zwischen uns ist eine freundschaftliche Beziehung entstanden, und nun, da ich den Weg kenne, besuche ich Orpha-Lee und Mason zu verschiedenen Jahreszeiten. Die Werte, nach denen sie ihr Leben ausrichten, sind die, die Amerika bei dessen Entstehen bestimmten: Arbeit, die Liebe zum Land und vor allem der Wunsch nach Freiheit.

Zudem sind sie tief religiös. Ihr christlicher Glaube ist die andere Quelle ihrer Kraft. Im Haus liegt die Bibel nie weit entfernt vom Gewehr. Abends liest man häufig darin und spricht über das Gelesene, vor allem dann, wenn Masons Mutter Edna zu Besuch ist. Alle sind von demselben Eifer beseelt, von dieser fast mystischen Frömmigkeit, die man bei Menschen findet, die inmitten der Natur leben. Hier geht man nicht in die Kirche an der Ecke, man betet zu Hause. Man dankt dem Herrn für ein gutes Essen, für den Besuch von Freunden oder eine gelungene Arbeit, und man bittet ihn um Hilfe, wenn man sich schwer verletzt hat. Nichts bleibt verborgen.

Mason, Schmied und Geschirrmacher.

Folgende Doppelseite: Die Wiese hinter dem Haus von Mason und Orpha-Lee.

Masons Großvater mütterlicherseits war Formgießer. Er arbeitete in der Stadt, aber als es zu weltanschaulichen und menschlichen Differenzen kam, zog es ihn in den Wald zurück, und er ließ sich dort nieder. In einem selbst gebauten Blockhaus kamen seine 17 Kinder zur Welt. Alle lernten zu Hause lesen und schreiben. Eine Generation später brachte dieses Erziehungsprinzip

Mason 41 Tage Gefängnis ein. Hier spricht man mit Stolz über seinen freien, unabhängigen Geist. Mason und Orpha-Lee mussten in einen anderen Bundesstaat umziehen, um die Familientradition des *home schooling* fortsetzen zu können; ihre vier Kinder Tammy, Tim, Mary-Lee und Stephen wurden alle zu Hause unterrichtet. Dennoch setzt – zum großen Bedauern ihrer Eltern – keines der Kinder das unabhängige, einfache Leben ihres Vaters fort. Sie haben sich alle für die Stadt entschieden. Ich kommentiere: »Natürlich, es ist viel leichter, in den Supermarkt zu gehen.« – »Oh, so einfach ist es nicht«, erwidert Mason. »Es ist leichter, wenn man Arbeit hat und jeden Monat sein Gehalt bekommt. Aber was ist, wenn man heiratet, einen Kredit für das Auto und das Haus aufnimmt und dann arbeitslos wird?«

Zehn Prozent aller Amerikaner sind arbeitslos, in Bundesstaaten wie Michigan sind es fast zwanzig Prozent (es gibt 26 Millionen Arbeitssuchende in den Vereinigten Staaten). Tatsächlich haben sich, seit ich vor einem Jahr anfing, kreuz und quer durch dieses krisengeschüttelte Amerika zu reisen, in den Wohnvierteln die schrecklichen »For Sale«-Schilder am Straßenrand vervielfacht. Die Menschen ziehen zu ihren Eltern, suchen bei Freunden Zuflucht oder richten sich in Wohnmobilen ein. Und an den unübersichtlichsten Straßenkreuzungen sieht man neuerdings improvisierte Flohmärkte.

Dustin, Orpha-Lee und eines ihrer Enkelkinder.

Gegenüberliegende Seite: Mason beim Zerlegen eines Hirschs, den Dustin geschossen hat; Pfannen mit paniertem Eichhörnchenfleisch.

Das staatliche Bildungssystem steckt tief in der Krise: Gewalt, Drogen, Schulschwänzen. Allein im vergangenen Jahr wurden in jedem Bundesstaat Hunderte von Schulen wegen Etatkürzungen geschlossen.

Mit 18 hat Mason einmal den Wald verlassen. Er hat es zumindest versucht. Zwei Jahre lang arbeitete er als Gärtner in einem kleinen Nachbarort, dann fand er eine Anstellung in einer Fabrik für Kupplungsteile, aber diese Art von Leben gefiel ihm überhaupt nicht.

Nach seiner Heirat mit Orpha-Lee erzählt er ihr von seinem Traum von einem einfachen Leben in der Natur. Sie stimmte zu, weil sie – wie sie mir lächelnd erzählte – damals geglaubt hatte, es handele sich um die Art von Traum, von der man eben redet, wie das viele Menschen tun, und eines Tages, vielleicht … »Nein, jetzt!«, hatte ihr Mann verkündet.

Eine Woche später hatten sie angefangen, im Wald ein Haus zu bauen.

Einige Zeit ist vergangen. Unsere Gespräche fließen leicht dahin. Masons Stimme hebt und senkt sich, schwingt und tanzt. Wir setzen uns gerne zum Reden zusammen. Und unsere Morgenspaziergänge und Abendgespräche sind so etwas wie ein Ritual geworden. Ich habe keine Skrupel mehr, ihm mehrmals dieselben Fragen zu stellen, bis ich ganz genau verstanden habe, was er mir sagen will. Auch er gewöhnt sich allmählich an meinen europäischen Akzent.

Ich betrachte Mason und Orpha-Lee, Dustin und Janet: Obwohl sie ihre Kleider selbst nähen oder gebraucht kaufen, haben sie unglaublich viel Würde und Haltung. In ihren schlichten Kleidern strahlen sie große Eleganz aus – Mason besitzt nicht weniger als fünf verschiedene Hüte und drei Paar Stiefel. Sie sind schlank und körperlich außerordentlich fit, was sie von den anderen Amerikanern unterscheidet, die ich im Mittleren Westen kennengelernt habe und von denen die Hälfte übergewichtig war.

Das niedrige Gras des Frühlings hat einem leuchtend grünen, wehenden Grasteppich Platz gemacht. Es ist Juli und damit Zeit, das Heu für den Winter zu ernten. Die beiden großen Pferde ziehen die konventionelle Mähmaschine, auf der Mason thront.

Als ich einen Film in meine Leica einlege, zügelt er auf meiner Höhe die Pferde und flüstert mir mit einem verschmitzten Lächeln ein paar Worte zu: »Was wird aus uns werden?« Diese drängende Frage ist bei den Menschen der »Off the grid«-Bewegung sehr präsent. Mir fällt dabei besonders eine Äußerung ein, die ich ein paar Wochen früher von Janet gehört habe. »Amerika ist nicht mehr das, was es einmal war«, hatte die junge Frau traurig gesagt. »Der amerikanische Traum ist tot. Selbst wenn man sich wie verrückt anstrengt, bringt man es zu nichts …«

»Weißt du, immer wenn ich niedergeschlagen bin, spanne ich die Pferde an«, sagt Mason zu mir. Um mir zu zeigen, was er meint, springt er kurzerhand von der Mähmaschine, gibt mir die Zügel in die Hand und erteilt ein paar Anweisungen: »Los, Éric, auf geht's!« Die

Mason lenkt die von Pferden gezogene Mähmaschine.

beiden Riesen vor mir setzen sich in Bewegung. Ihre muskulösen Hinterteile und ihre langen Beine geben den Rhythmus vor, während das große Schneidwerk rechts von mir rattert. Ich muss es in den Kurven mit einer ausladenden Armbewegung anheben und auf der geraden Strecke dann wieder fallen lassen.

»Das macht den Kopf frei und klärt die Gedanken, nicht?«, sagt Mason munter.

Er hat recht: Man kann mit den Gedanken nicht woanders sein, wenn man mit den Pferden arbeitet. Man muss absolut konzentriert auf jede Bewegung achten. Voll und ganz im gegenwärtigen Augenblick sein.

Die Nacht ist angebrochen. Ich gehe hinaus, um meinen Schlafsack unter dem Vordach auszubreiten, und kann einen Ausruf nicht unterdrücken: Tausende leuchtender Arabesken überziehen den schwarzen Himmel dieser mondlosen Nacht. Ich habe so etwas noch nie erlebt. Begeistert laufe ich auf die Wiese hinaus, um ein paar Glühwürmchen einzufangen.

Mason hatte einmal zu mir gesagt: »Weißt du, es kommt einem vor, als hätte die moderne Welt die Appalachen vergessen.«

Captain Coble

»Ich fuhr einmal«, erzählt mir Mason, »mit meinem Pferdegespann auf der Straße, als mich ein Auto überholte, abbremste und vor mir anhielt. Ein alter Mann stieg aus. Da ich merkte, dass er neugierig war, hielt ich neben ihm an. Er liebe Pferde, sagte er, und sei erstaunt, in der heutigen Welt noch so eine Szene zu sehen. Ich fragte ihn nach seinem Beruf. Der alte Mann hatte sein ganzes Leben in der Armee gedient. Er liebte Pferde und die Natur, aber er hatte seinen Traum nie in die Tat umsetzen können und war traurig, weil er niemals das hatte tun können, was er wirklich wollte.«

»Wie schade«, hatte Mason ihm geantwortet. »Ich dagegen habe in meinem Leben immer das getan, woran ich Freude hatte.« Dann war ihm klar geworden, dass seine spontane Äußerung den Mann getroffen haben musste, und das hatte er ihm gesagt. Doch dieser hatte erwidert, nein, im Gegenteil, es gefalle ihm ja gerade, dass Mason einfach er selbst sei. Woraufhin Mason geantwortet hatte: »Aber wer kann man denn sonst sein als man selbst?«

Die beiden Männer wurden Freunde und sprachen bis zu Captain Cobles Tod immer wieder über das einfache Leben und die großen Pferde, die Masons Gespann zogen.

Irgendwie bewundere ich Mason: Er ist stark, mutig und großzügig, fest im Glauben verankert, glücklich in seiner Schlichtheit, sich seines Platzes in der Welt gewiss. In seiner – vielleicht naiven – Sicht der Dinge sind die USA ein habgieriges Land, und er will sein Leben nicht mit der Jagd nach Geld vergeuden.

Gegenüberliegende Seite:
Oben: Mason mit seinem Enkelsohn Jacob bei der Jagd.
Unten: Mason und Éric biwakieren im Freien.

Mason bricht zur Jagd auf.

»Wir brauchen nur hundert Dollar im Monat für unseren Lebensunterhalt«, berichtet Orpha-Lee. Keine Hypotheken, keine monatlichen Abbuchungen, keine Ausgaben für Lebensmittel ... Ich bin nicht vollkommen überzeugt. Ist so etwas möglich, ist das wirklich machbar?

Sicher, sie verschweigen lieber, dass ihnen das Land, auf dem sie wohnen, nicht gehört, aber es ist wohl noch zu früh für solche Geständnisse. Dustin hatte mich zudem vor unserer ersten Fahrt gewarnt: »Mason wird es dir nicht so ohne Weiteres erzählen, aber er lebt seit 15 Jahren auf einem Stück Land, das ihm einer seiner Freunde überlassen hat.«

Eines der großen Probleme, mit denen sich die »Off the grid«-Bewegung konfrontiert sieht, sind die horrenden Bodenpreise. »Das Land«, sagt Mason, »ist wie ein Gewehr. Man kauft kein billiges Gewehr, man kauft ein gutes Gewehr, eines, das gut konstruiert, gut gefertigt ist, ein teures Gewehr. Beim Boden ist es genauso. Man kauft ein gutes Stück Land, in guter Lage, fruchtbar, mit guten Quellen, mit dem richtigen Verhältnis zwischen Ackerland und Wald ... und das ist selten, das ist teuer ...«

Edna, Masons Mutter, lebt mit ihren 83 Jahren noch allein in dem Blockhaus, das Masons Vater am Ende eines geraden Tals erbaut hat. Es liegt eine Autostunde entfernt. Kann ich ein Foto von ihr machen? »Ausgeschlossen. Aber warum besuchen Sie mich nicht in dem Haus, in dem die ganze Familie zur Welt gekommen ist?« Ich nehme ihre Einladung mit Freuden an. Und sie erwartet mein Kommen mit Stolz.

Edna ist eine starke Frau, die mit Inbrunst von Gott und ihrem naturnahen Leben spricht; sie ist eindeutig das Clan-Oberhaupt. Den Verlockungen der Bequemlichkeit ist sie nie verfallen, sie will niemandem etwas schuldig sein. Sie zeigt mir Fotos von der Familie. Auf der Anrichte steht gut sichtbar ein handkoloriertes Bild ihrer Eltern. Ihm gegenüber eine aus einem Kreissägeblatt hergestellte Wanduhr, deren Zeiger auf zwanzig nach zehn stehen geblieben sind.

Ein Geräusch von draußen. Wir spähen durch das Fenster. Ein Auto rollt neben meines und parkt. Eine blonde, wohlgenährte Frau steigt aus, eine Aktentasche in der Hand. Sie kommt auf das Haus zu, sucht die Eingangstür. Unbekannte verirren sich selten hierher. Edna begrüßt sie unter dem Vordach. Die Besucherin ist Sozialarbeiterin – sie zeigt uns ihren Ausweis.

Man hat ihr von Edna erzählt. Sie wirkt neugierig und eingeschüchtert zugleich.

»Mit 83 sollten Sie mehr Komfort haben«, sagt sie, »Strom, Telefon, Fernsehen. Und Sie sollten weniger isoliert oder wenigstens näher an der Straße wohnen, die zur Stadt führt … Ich habe Hilfen für so etwas, wissen Sie.« Sie holt einen Stapel Formulare hervor, die sie zwischen die Tassen mit dem Kräutertee legt. Mason schweigt, Edna unterbricht sie sanft: »Vielleicht wollen Sie sich das Haus ansehen?« Die alte Dame zeigt der Besucherin das Schlafzimmer mit dem Bett und der Daunendecke darauf, das Wohnzimmer mit den breiten Sesseln, auf deren verblichenen Lehnen Zierdeckchen liegen, den runden Holzofen, den gusseisernen Herd mit Backröhre und Wasserbecken und schließlich das Gästezimmer im zweiten Stockwerk. Wir treten hinaus unter das Vordach, wo man einen beeindruckenden Holzstapel sieht, »den ich selbst gespalten habe«, wie Edna klarstellt, dann steigen wir ein paar Stufen hinunter und gehen über die unbefestigte Straße zur Räucherkammer hinüber, an der große Blechwannen

Mason und seine Mutter Edna vor der Räucherkammer.

hängen. Die Tür knarrt. »Hier ist ein Schinken, da drüben, in dem weißen Leinensack, der Speck, und da, auf dem Boden, die Seife, die ich vorgestern angefangen habe.« Dann kommt der Kellerraum, der in die Erde gegraben wurde, und darin Regale voller Einmachgläser mit Obst und Gemüse: grüne Tomaten, Tomatensauce, Gürkchen, grüne Bohnen, Erbsen, Rote Rüben, Pickles, Schweine- und Hirschfleisch, Marmelade, Apfelsaft …

Als wir wieder in der Küche stehen, erklärt Edna: »Sehen Sie, Miss, ich brauche keine Hilfe. Ich habe Gott und meine Familie. Und ich will nicht von der Regierung abhängig sein. Ich werde Ihre Papiere nicht unterschreiben, ich habe keine Lust, mich eines Tages im Altersheim wiederzufinden. Beihilfen, Geld, das ist gut und recht, aber ich habe meine Familie, und das ist das Wichtigste.« All das sagt sie in einem sehr freundlichen, würdevollen Ton, und sie hält sich trotz ihres Alters dabei ganz gerade. Die junge Frau sammelt ihre Unterlagen wieder ein und verabschiedet sich. Auf der Türschwelle zögert sie und wendet sich Edna zu, die sie hinausbegleitet. »Entschuldigen Sie, ich schäme mich. Das Einzige, was ich in meiner Küche zustande bringe, ist, die Mikrowelle einzuschalten.«

Gegenüberliegende Seite: Oben: Masons Quad und sein altes Gewehr. Unten: Dustin spielt neben einem von Pflanzen überwucherten Autowrack mit Loe.

Das Haus von Masons Mutter Edna

Smith & Wesson

Als die Abenddämmerung einsetzt, wird es im kleinen Haus dunkel. Orpha-Lee zündet die Petroleumlampe an. Auf dem polierten Holztisch schimmern die letzten Tomaten der Saison. »Meinen Revolver habe ich dir noch nicht gezeigt, Éric?«, fragt mich Mason. »Nein, du hast mir deine Gewehre gezeigt, aber den Revolver nicht.« Der Stuhl scharrt über das Parkett, und Mason steht auf, um in sein Zimmer zu gehen. Ich höre ihn eine Weile rumoren, und dann kehrt er mit seiner Waffe zurück, schwenkt die Trommel aus, und sechs Patronen fallen in seine hohle Hand. Schweigend reicht er mir die Waffe, einen 38er-Revolver Marke Smith & Wesson. Ein hübsches Modell – die legendäre Waffe der 1970er-Jahre. Es macht mir Spaß, sie auszuprobieren, wobei ich darauf achte, beim Abdrücken nach Cowboy-Art den Hahn zu spannen. Ich lege sie zu den roten und grünen Tomaten auf den Tisch. »Er hat eine Geschichte, hast du das gewusst?« Ich schüttele den Kopf und warte gespannt auf das Erklingen seiner melodiösen Stimme in der abendlichen Stille. Er wartet noch einen Moment, bis er mit seiner Geschichte anfängt. »Orpha-Lees Eltern waren entfernte Nachbarn. Eines Tages kam Mindy, ihre Mutter, zu meiner Mutter, weil sie wusste, dass wir fünf Brüder waren. ›Derjenige von deinen Söhnen, der meine Tochter heiratet, bekommt meinen Revolver.‹ Das war ein Argument. Damals war der 38er-Revolver sehr begehrt. Jeder Farmer hatte einen; aber wir waren zu arm, um uns so eine Waffe leisten zu können. Ich nahm Orpha-Lee zur Frau, aber die Smith & Wesson bekam ich nicht. Ich wollte sie Mindy nicht wegnehmen. Erst zwölf Jahre später, als wir hierher zurückkamen, weil sie sehr alt war und wir uns um sie kümmern wollten, gab sie sie mir. Ihre Finger waren ganz steif vom Rheuma. ›Ich bin so alt, dass ich sie nicht mal mehr laden kann‹, sagte sie. ›Nimm sie, sie gehört jetzt dir.‹«

Der Wald hat sich verfärbt, es ist Herbst geworden. Ich bin zur Jagd wiedergekommen. Im Gehen spreche ich über meinen Beruf, meine alten Analogkameras und dass man mich drängt, sie durch Digitalkameras zu ersetzen. Mason greift das Thema auf: »Sei stolz auf deinen Beruf! Das moderne Leben? Die werfen doch alles auf den Müll. In den traditionellen Gesellschaften wird alles wiederverwendet. Ihr nennt das ›recyceln‹, aber das ist keine neue Erfindung. Als ich klein war, haben wir auch schon Glasflaschen und vieles andere aufgehoben. Erst in letzter Zeit haben die Menschen angefangen, alles wegzuwerfen …« Wenn ich eine Weile weg war, merke ich, wie sehr unsere Morgenspaziergänge und Diskussionen uns beiden gefehlt haben und dass seine Einladung zur Jagd letztlich nur ein Vorwand war, um den Gesprächsfaden wieder aufzunehmen.

Eichhörnchen-Ragout

»Man hatte uns das Fleisch aus der Räucherkammer gestohlen. Das war ein harter Schlag für uns. Wir waren arm. Damals verdiente mein Vater auf den Tabak- oder Maisfeldern nur drei Dollar am Tag. Die Gegend war nicht besonders fruchtbar. Hier wurde vor allem Whisky geschmuggelt, und darum war eine Räucherkammer ein Vorratsschrank für den Winter. Ich war neun Jahre alt. Ich hatte durch die Fensterscheibe unseres Blockhauses ein Eichhörnchen erspäht, das auf einem Baum herumlief. Mein Vater war kein guter Jäger, und außerdem war er gerade nicht da.

Ich fragte also meine Mutter, ob ich es schießen dürfe. Sie antwortete, ich sei noch zu jung, das sei zu gefährlich, aber dann mischte sich meine Großmutter ein, in deren Adern Cherokee-Blut floss. ›Edna, lass ihn machen, er ist wirklich groß genug.‹ Mit einem einzigen Satz hat sie die Frage entschieden! Sie hob das Gewehr, das über der Tür hing, herunter und gab es mir, zusammen mit einer Patrone. Die Waffe war so groß wie ich. Meine Großmutter richtete ihre dunklen Augen auf mich und schärfte mir ein: ›Wenn du ganz nahe dran bist – und erst dann –, legst du die Patrone ein und schießt.‹ Ich habe das Eichhörnchen getötet, bin zurückgegangen und habe noch zwei Patronen verlangt. Mit denen habe ich zwei weitere Eichhörnchen erwischt. Meine Großmutter hat mir gezeigt, wie man sie zerlegt, und ich bin mit drei Patronen losgezogen. An diesem Tag habe ich mit 18 Patronen 18 Eichhörnchen geschossen …« Obwohl viele Jahre vergangen sind, bekommt Mason bei der Erinnerung an dieses Schlüsselerlebnis seiner Jugend einen verträumten Blick und legt ein unsichtbares Gewehr an. »Das Ragout köchelte im großen Topf, als mein Vater zurückkam. ›Mein Sohn‹, hat er zu mir gesagt, ›du bist ein guter Jäger: Das ist ein Geschenk des Herrn.‹«

Mason bleibt einen Moment lang reglos stehen, heftet seinen durchdringenden Blick auf mich und sagt: »Seit diesem Tag bin ich es, der das Fleisch auf unseren Tisch bringt.«

Vorhergehende Doppelseite: Nachtlager im Herbstwald. Unten: Dustin und Mason auf der Jagd. Gegenüberliegende Seite: Mason folgt der Spur eines Hirschs.

Auf Orpha-Lees Tisch kommt nur das Wildbret, das Mason aus dem Wald mitbringt: wilde Truthähne, Hirsche, Eichhörnchen oder das Schwein, das sie vor dem Winter schlachten. »Wozu brauchen wir Supermärkte?«, sagt Mason. »Wir haben hier alles, was wir brauchen!« Ich muss an seinen Keller denken, an den von Edna und an die vielen Regale, die sich unter dem Gewicht der Einmachgläser biegen. Sie haben genug, um einer Belagerung standzuhalten! »Weißt du«, fährt mein Gastgeber fort, »es heißt zwar, dass die Krise bald vorbei ist, aber mir kommt es so vor, als stürzten wir immer tiefer hinein. Und das Schlimmste ist, dass die Städter – die nichts haben kommen sehen! – irgendwann, wenn die Situation wirklich ernst ist, wieder einmal glauben werden, dass die Regierung schon alles für sie regelt. Aber was werden sie machen, wenn die Lastwagen nicht mehr kommen, wenn die Supermärkte immer leerer werden? Die Regierung wird überfordert sein; sie wird nicht mehr reagieren können. Sie werden sich selbst überlassen sein, hilflos und verletzlich. Sie reden sich ein, sie könnten ja zur Not gärtnern … Aber man wird nicht von einem Tag auf den anderen zum Gärtner! Man braucht mindestens zwei Jahre – vorausgesetzt, man hat gute Nachbarn! –, bis man von dem leben kann, was man selbst anpflanzt.«

Ich spüre, dass Mason um seine Kinder Angst hat, dass er sich Sorgen macht.

»Es ist eine Spirale«, fährt er fort. »Das Auto, die Wohnung, die Steuern, der Kredit, die Familie, die Ausbildung der Kinder, der Beruf oder die Arbeitslosigkeit … ihr steckt in einem Teufelskreis, und man versichert euch, dass dies die einzige Lebensmöglichkeit ist. Das ist nicht wahr, sie ist nicht die einzige! Und ich bin nicht der Einzige, der so denkt. Sieh dir die Amischen und die Mennoniten an. Obwohl ich ihren Glauben nicht teile, hat sich ihr Wirtschaftsmodell in meinen Augen bewährt. Sie haben Erfolg, wo ein kleiner amerikanischer Farmer nicht überleben kann, weil er Kredite aufnehmen muss, um Traktoren, Saatgut, Dünger und Insektizide zu kaufen. Sie sind eine der dynamischsten Gemeinschaften in den gesamten USA!«

Das Fleisch auf dem Tisch ist Mason zu verdanken, keine Frage, aber sein »geistiger Sohn« Dustin und sein 16-jähriger Enkel Jacob gehen ihm gerne zur Hand, wenn sie ihn besuchen kommen. Jacob

Nach der Arbeit räumt Mason die Pferdegeschirre weg.

Dustin und Janet mit ihrer Tochter Esther.

als würdiger Nachkomme hat auch schon als Neunjähriger zu jagen begonnen. Er schießt neuerdings mit Pfeil und Bogen auf Hirsche.

Mason und ich haben zu viel geredet und kehren ohne Jagdbeute heim. Dustin, der heute früh allein auf die Jagd gegangen ist, hat einen Damhirsch mitgebracht und wartet mit dem Zerlegen auf uns. Das Fleisch wird zwischen den Familien geteilt. Dieser Aufenthalt vergeht wie im Flug. Masons Haus liegt zwar abseits, bildet aber dennoch ein Bindeglied zwischen ihm und den Nachbarn, Kindern und Enkeln. Alle schauen sie gelegentlich vorbei und erkundigen sich nach Neuigkeiten aus den beiden Welten. Manche der Gesichter am Tisch sind mir schon vertraut geworden. Die Tage werden kürzer, die abendlichen Zusammenkünfte umso schöner. Es wird viel geredet, wie früher, als es noch kein Fernsehen gab …

»Grenzenloses Wachstum? Nur Verrückte und Wirtschaftsexperten halten so etwas für möglich!«, schimpft Mason eines Abends, als wir allein sind. »Wo siehst du in der Natur ein unaufhörliches Wachstum? Da unten sitzen sie an ihren Schreibtischen und entwerfen Schaubilder mit gezackten Linien, die wie Sägeblätter aussehen. Aber das wahre Leben, die Natur, lässt sich so nicht darstellen. Nein, das Leben ist ein ständiger Neubeginn, das Leben ist ein Kreislauf, denk nur an das Kreisen der Planeten, den Kreis der Jahreszeiten, den Wasserkreislauf, den Zyklus von Leben und Tod. Und wie soll man auf einem Planeten, auf dem man bereits anfängt, mit den Ressourcen zu geizen, an ein beständiges Wachstum glauben?« Ich nicke und denke dabei an unsere Welt und unsere so unterschiedlichen Blickwinkel.

Gegenüberliegende Seite: Oben: Mason und seine Pferde am Ende eines arbeitsreichen Nachmittags. Unten: Mason und sein Enkel Jacob. Waschtag bei Familie Mason.

Zu wem spricht er? Zu mir natürlich, der in ein paar Tagen im Flugzeug sitzen wird. Aber wo stehe ich, der ich jedem seiner Worte zustimme, eigentlich selbst? Ich bezahle den Kredit für mein Haus ab, fahre mit dem Auto, nehme das Flugzeug … Ich gehöre zu der Welt, die er schildert. Produziere ich etwas Wichtiges, etwas wahrhaft Unentbehrliches? Nicht einmal das, ich bin nur ein Schmarotzer, der die Rohstoffe ausbeutet.

Die Tage sind kürzer geworden, die Bäume haben ihre Blätter abgeworfen. Der Winter ist da. Mason macht ein ernstes Gesicht, als er bei seinen Pferden steht. Wir brechen zu einem letzten Gang durch die morgendliche Stille auf. »Man könnte meinen«, sagt er nach einer Weile, »dass der Mensch nicht sehen will, was sich direkt vor seinen Augen abspielt. Doch er weiß Bescheid, er versteht das alles, aber er will es sich nicht eingestehen.

Deshalb empfindet er einen solchen Lebensüberdruss, deshalb versagt sein Herz, deshalb sind die Psychiater so gut beschäftigt, und deshalb fahren die Drogendealer in großen Autos herum. Deshalb wird so viel Prozac verkauft …«

Mason hat wirklich eine interessante Betrachtungsweise unserer Welt. Für mich ist er von den vier Menschen, die ich porträtiert habe, derjenige, der am unabhängigsten, am autonomsten lebt. Und der, wie mir scheint, am eindeutigsten mit beiden Beinen auf dem Boden steht.

»Weißt du was«, meint er einmal fröhlich, »ich habe den Titel für dein Buch gefunden: ›Easy Life‹.« Wie bitte? Dabei steht er doch immer früh auf und führt ein äußerst geregeltes, diszipliniertes, von Willensstärke geprägtes Leben. »Das Problem ist, Éric, dass die Leute, die sich für unsere Lebensform interessieren, mit einem Fuß in beiden Welten stehen. Sie gehen weiter in der Stadt ihrem Beruf nach und versuchen trotzdem sich in die Natur zu integrieren. Sie verzetteln sich und schaffen es nicht. Man muss seine gesamte Energie dem Boden geben … Ich habe ein ruhiges Leben, Zeit, meine Freunde zu empfangen, zu träumen, zu jagen …«

Ich lächle über seine Naivität und verspreche ihm, darüber nachzudenken. Aber dann fügt er verschmitzt hinzu: »Na ja, wenn die Krise so weitergeht, wird sowieso niemand dein Buch kaufen …«

Mason und Dustin spannen gemeinsam die Pferde an.

Folgende Doppelseite: Landschaft im Zwielicht.

Während ich einige Tage nach dem Beginn des Börsencrashs dieses Schlusswort schreibe, kommen mir die Worte von Richard Heinberg wieder in den Sinn, mit denen ich dieses Buch begonnen habe.

Ich war ihm einige Monate nach der Finanzkrise von 2008, die wir immer noch nicht hinter uns gelassen haben, zum ersten Mal begegnet. »Diese Krise ist keine V-Krise«, sagte er, während er mit dem Finger ein großes Dreieck auf den Tisch malte. Als er meinen fragenden Blick bemerkte, präzisierte er: »Ich meine damit, dass diese Krise nicht so ist wie die anderen, die wir bisher erlebt haben und aus denen wir noch produktiver und konsumorientierter hervorgegangen sind. Nein, diese Krise ist eine L-Krise.« Auch das »L« malte er auf den Tisch. »Es geht um eine Neuorientierung, bei der der Mensch, ob er will oder nicht, sich an die wahren Realitäten der Erde anpassen und wieder lernen muss, genügsamer zu leben.«

Aber nirgendwo auf meiner Reise habe ich solche blühenden Gemeinschaften gefunden, Menschen, die sich zusammengeschlossen haben, um dieses neue Ziel anzustreben, und auf die der Romantiker in mir sich solche Hoffnungen gemacht hatte. Und genau das war es auch, was alle Robinsons, denen ich begegnete, am meisten bedauerten – die Unfähigkeit, einen soliden, dynamischen Clan zu schaffen. Jede Gruppe, jede Gesellschaft wird in dem Maße stärker, strukturierter und schlagkräftiger, in dem sie bedroht ist. Wenn solche Gemeinschaften also keinen Bestand haben, so mag dies daran liegen, dass nichts sie bedroht. Beim geringsten internen Konflikt können ihre Mitglieder ohne Weiteres das Handtuch werfen, in die Anonymität und den relativen Komfort der Großstädte zurückkehren und damit auch den Zwängen ausweichen, die eine Stammesexistenz erfordert: Arbeit, Disziplin, gegenseitiger Respekt …

»Aber wie lange noch?«, hat einer meiner neuen Bekannten gefragt. »Das Leben in den Städten wird immer schwieriger. In Zeiten der Gefahr werden solche engen Zusammenschlüsse der Menschen auf ganz natürliche Weise wieder entstehen. Sie werden sich zusammenfinden, wenn die Welt da draußen keine allzu bequeme Zuflucht mehr bieten oder, wie manche voraussagen, unter ihrem Eigengewicht zusammenbrechen wird.«

»Egal«, resümiert Eustace Conway, »ob das System zusammenbricht oder nicht – wenn ich dieses Leben führe, so tue ich das, weil es für mich und die Erde das Beste ist.«

Von links oben nach rechts unten: Tim, Lynx, Tod und Talia, Eustace Conway, die Schule der Natur (John Michael, John Thomas, Naomi, Dan, Éric und Lynx), John, Lowell Morgan, Mason und Orpha-Lee.

Zur weiteren Lektüre

Der Text dieses Buches basiert weitgehend auf Gesprächen mit den Porträtierten und ihren Aussagen. Diese beziehen sich allerdings immer wieder auf eine Reihe von Publikationen, Artikel und Webseiten, die wir zur weiteren Lektüre empfehlen möchten. Darunter besonders:

Bücher

Sharon Astyk, *Depletion and Abundance*, Gabriola Island, New Society Publishers, 2008.

Wendell Berry, *The Way of Ignorance*, Berkeley, Shoemaker & Hoard, 2005.

Richard Heinberg, Öl-Ende: »The Party's Over« - Die Zukunft der industrialisierten Welt ohne Öl, München, Riemann Verlag, 2008.

Elizabeth Gilbert, *Der letzte amerikanische Mann*, aus dem amerikan. Engl. von Susanne Goga-Klinkenberg, dt. Erstausg., Berlin, Berliner Taschenbuch-Verlag, 2010.

Arianna Huffington, *Third World America: How Our Politicians Are Abandoning the Middle Class and Betraying the American Dream*, New York, The Crown Publishing Group, 2010.

Derrick Jensen, *Endgame: Zivilisation als Problem*, München, Pendo Verlag, 2008.

Spencer Wells, *Pandora's Seed – The Unforeseen Cost of Civilization*, New York, Random House, 2010.

Artikel

Zu den im Folgenden genannten Artikeln aus französischen Zeitschriften gibt es auf dem deutschen Markt keine Entsprechung, am ehesten noch *Der Glocalist, Greenpeace Magazin, Natur + Kosmos* sowie *politische ökologie*.

»Les jardins de Detroit«, in: XXI, Oktober/November/Dezember 2010, S. 32–43.

»Et si on changeait tout…«, in: *Alternatives économiques*, Sonderheft Nr. 49, April 2011.

»Énergie, pollution, consommation – Il faut changer de modèle !«, in: *Alternatives économiques*, Nr. 301, April 2011.

»L'État de la terre 2011«, in: *Alternatives internationales*, Sonderheft Nr. 9, Mai 2011.

»L'impossible solution unique«, in: *Challenges*, »Énergie, la vérité«, Nr. 255, 5. Mai 2011.

»Anarchie pétrolière«, Artikel über »Le sang du Nigeria« in: *Challenges*, »Énergie, la vérité«, Nr. 255, 5. Mai 2011.

»L'Occident est-il fini ?«, in: *Courrier international*, Sonderheft März/April 2011.

Albert Jacquard, »Ce n'est pas la planète qu'il faut sauver, mais l'humanité«, in: *Libération*, 14. September 2010.

»Age of Man«, *National Geographic*, März 2011.

»Nucléaire – Vérités & alternatives censurées«, *Nexus*, Nr. 74, Mai/Juni 2011.

Albert Jacquard, »Alerte ! Notre monde court à la catastrophe«, in: *Paris Match*, 12.–18. März 2009, S. 127–130.

»Pourquoi la France a-t-elle sabordé sa révolution verte ?«, in: *Télérama*, Nr. 3195, 6. April 2011, S. 38–40.

»The Fallout«, *The Economist*, Band 398, Nr. 8725, 19.–25. März 2011.

»What's wrong with America's economy ?«, in: *The Economist*, Band 399, Nr. 8731, 30. April–6. Mai 2011.

Dokumentarfilme

Lars Edman und William Johansson, *Toxic Playground*, Dokumentarfilm, 70 Min., 2009.

Philippe Lespinasse, *Le Sang du Nigeria*, Dokumentarfilm, 52 Min., 2011.

Paul Moreira, *Somalia und die Giftmüllmafia*, Dokumentarfilm, 52 Min., ausgestrahlt auf arte, Themenabend am 17.6. 2011.

Olivier Weber, *La Fièvre de l'or*, Dokumentarfilm, 95 Min., 2008.

Und wenn Sie mehr über die Bewegung »Off the grid«, die Theorien zum Wachstumsstopp und andere Themenbereiche erfahren möchten, hier einige Tipps:

Bewegung »Off the grid«

Nick Rosen, *Off the Grid: Inside the Movement for More Space, Less Government and True Independence in Modern America*, Penguin, 2010, 304 Seiten.
Der Journalist Nick Rosen durchquert auf der Suche nach der idealen »Off the grid«-Gemeinschaft die USA.
Die Website www.off-grid.net (in englischer Sprache) berichtet über Personen, Technologien, Ereignisse und vor allem Einflüsse, die diese Bewegung weltweit ausmachen.
Die Website velacreations.com (in englischer Sprache) wurde von einem jungen Paar gegründet, das seit zehn Jahren ein Leben außerhalb des »Systems« führt. Sie dokumentieren ihr Leben, berichten über ihre Erfahrungen und geben Ratschläge.

Die Theorien des Wachstumsstopps (»Décroissance«)

Serge Latouche, *Le Pari de la décroissance*, Paris, Fayard, 2006.
Das Buch plädiert für einen radikalen Bruch mit allen Werten unserer Wohlstandsgesellschaft. Latouche argumentiert gegen den Mythos, dass ständiges Wachstum unbedingt notwendig für unser Wohlergehen ist.
La Décroissance, Entropie – Écologie – Économie, Nicholas Georgescu-Roegen, Sang de la Terre, in der Reihe »La Pensée écologique«, 2006.
Sammlung theoretischer Texte, die sich pointiert gegen ein »mechanistisches« ökonomisches Wirtschaftssystem, vor allem gegen das Dogma des Wirtschaftswachstums, richten.
In der seit 1982 in Frankreich erscheinenden Zeitschrift *s!lence* werden Artikel zur alternativen Lebensweise und zur ökonomischen Theorie des Wachstumsstopps (http://www.revuesilence.net) veröffentlicht.
Entropia. »Revue d'étude théorique et politique de la décroissance« ist mehr eine Fachzeitschrift für speziell interessierte Leser (www.entropia-la-revue.org).
noimpactproject.org
Hervorgegangen aus dem Blog, Buch und Dokumentarfilm des Journalisten Colin Beavan, der mit seiner Familie in New York ein Leben ohne Abfall und mit möglichst geringen schädlichen Einflüssen auf die Umwelt in einem mehrjährigen Selbstversuch exerzierte.

Berechnen Sie Ihren ökologischen Fussabdruck

William Rees und Mathis Wackernagel: *Der Ecological Footprint. Die Welt neu vermessen*. Europäische Verlagsanstalt, Hamburg, 2010.
Diese Publikation gibt wichtige Hinweise zur Bedeutung des ökologischen Fußabdrucks und zu den alltäglichen Auswirkungen einer ökologisch verantwortlichen Lebensweise.

Eine nützliche deutsche Website hierzu ist: http://www.footprint-deutschland.de

Die Begriffe der Resilienz bei Ökosystemen und des ökologischen Gleichgewichts

Manuel de Transition, *De la dépendance au pétrole à la résilience locale*, Rob Hopkins, Vorwort von Serge Mongeau, Éditions Ecosociété, Oktober 2010. Diese Publikation gibt Anregungen zum radikalen Umdenken und informiert über die jüngsten Entwicklungen ökologischer Strategien, die auf der Resilienzforschung basieren.

Der Begriff der Permakultur

Nach Michael Pilarski ist die Permakultur ein Konzept, das auf die Schaffung von dauerhaft funktionierenden, nachhaltigen und naturnahen Kreisläufen zielt. Ursprünglich auf die Landwirtschaft beschränkt, ist es inzwischen ein Denkprinzip, das auch Bereiche wie Energieversorgung, Landschaftsplanung und die Gestaltung sozialer (Infra-)Strukturen umfasst. Basis ist ein ökologisch, ökonomisch und sozial nachhaltiges Wirtschaften mit allen Ressourcen.

Für Deutschland finden sich wichtige Inhalte auf der Website: www.permakultur-info.de

Louise Rooney und Rob Hopkins transferierten 2004 die Permakultur-Idee in die Stadt. Mit *Energiewende. Das Handbuch. Anleitung für zukunftsfähige Lebensweisen* (ZWEITAUSENDEINS) veröffentlichte Hopkins 2008 eine Sammlung von Ideen, Beispielen und praktischen Werkzeugen, um in der eigenen Stadt gemeinsam diese Ideen praktisch umzusetzen.

Und schließlich können folgende Zeitschriften und Filme Ihre Aufmerksamkeit auf grüne Themen lenken:

Zeitschriften:

Passerelle Eco ist eine französische Zeitschrift über alternative, nachhaltige Lebensformen besonders in Städten (http://www.passerelleco.info).

Informationen finden Sie auch in der französischen Monatszeitschrift *»L'age de faire«* (http://www.lagedefaire.org).

Webseiten in Deutschland:

www.nachhaltigleben.de
http://www.lohas.de
und für weiterführende Adressen:
www.oekoportal.de

Dokumentarfilme

Good Food Bad Food – Anleitung für eine bessere Landwirtschaft (Solutions locales pour un désordre global). Der französische Dokumentarfilm aus dem Jahr 2010 von Coline Serreau hat eine klare Botschaft: Es gibt Lösungen. Bewiesen wird dies von Landwirten, Philosophen und Wirtschaftswissenschaftlern, die sinnvolle, zum Teil bereits praktizierte Alternativen vorschlagen.

Der norwegische Dokumentarfilm *Loop* von Sjur Paulsen aus dem Jahr 2005 stellt vier außergewöhnliche Persönlichkeiten vor, die ihr besonderes Verhältnis zur Natur verbindet: zwei begeisterte Skifahrer, die es auf der Suche nach außergewöhnlichen Routen auf die Lofoten zieht. Ein Marketingspezialist bewältigt alleine eine der schwierigsten Felsrouten Norwegens, um schließlich einen mehr als tausend Meter hohen Base-Jump machen zu können. Ein Rettungssanitäter nimmt sich nach einigen Auslandseinsätzen eine Auszeit, um alleine ein riesiges Waldgebiet zu beobachten und Brände zu verhindern, und ein über neunzig Jahre alter Abenteurer und Philosoph berichtet über sein Leben und die von ihm daraus gewonnenen Erkenntnisse.

SPIELFILME

Into the Wild – Die Geschichte eines Aussteigers ist ein US-amerikanischer Spielfilm aus dem Jahr 2007 von Sean Penn, der auf der gleichnamigen Reportage von John Kracauer basiert und das Leben von Christopher McCandless zeigt. Diesem steht nach einem hervorragenden Abschluss eine große berufliche Karriere bevor, doch er entscheidet sich für eine Reise durch Amerika, die ihn schließlich in die Wildnis Kanadas führt, wo er alles hinter sich lässt.

Der grüne Planet – Besuch aus dem All (La Belle Verte) ist ein französischer Spielfilm aus dem Jahr 1996 von Coline Serreau.
Irgendwo im Universum bewohnen Verwandte der Menschen den grünen Planeten in einer utopischen Gesellschaft in perfekter Harmonie mit der Natur. Die Bewohner haben ihre Verwandten auf dem Planeten Erde immer gern besucht, erkennen nun aber, wie weit die Arroganz der Erdbewohner diese von ihrem eigentlichen Wesen und von der sie umgebenden Natur entfernt hat.

... und wenn Sie sich entschieden haben, einmal für ein Wochenende, einen Monat oder sogar für ein ganzes Leben auszusteigen, dann geben Ihnen die folgenden Adressen wertvolle Tipps:

http://www.therenewableplanet.com (in englischer Sprache)
Ein grüner Führer mit Tricks und Tipps für ein nachhaltiges Leben.

Und hier die wichtigsten Termine für die Mitglieder der »Off the grid«-Bewegung:

Falling Leaves Rendezvous, Oktober, Georgia
www.primitiveskills.org

Firefly Gathering, Juli, North Carolina
www.fireflygathering.org

Rivercane, April, Georgia
www.primitiveskills.org

Winter Count, Februar, Arizona
www.backtracks.net

Rabbit Stick, September, Idaho
www.backtracks.net

Und hier finden Sie Berichte und Bilder von den letzten Rendezvous:
www.neoanderthal.com

Dank

Ich möchte Yann und Richard dafür danken, dass sie mich in dieses Abenteuer geschickt haben.
Mein Dank geht an David Bard und Ann Hite, NY Debra, Smokey, Tim Nelson und Thomas Seibold, Eustace Conway und Kym, den Australier. An meine Tochter Camille, die meine Assistentin war, an Tim und Susan in Washington, an Lowell, Rita Morgan und ihre Familie, die mir in vieler Hinsicht die Augen geöffnet haben. An Kevin Reeve (von OnPoint Tactical) für alles, was er mir über Urban Survival beigebracht hat, an John Duff, Jason Cain und Derek Smith in Dallas sowie David und Jennifer aus Red Lick.

Ich danke den Menschen, denen ich im Laufe meiner Rundreise begegnet bin, darunter Chris Farmer aus Heath-Heaven, Doug und Todd Elliott, Lynx und John, Tod und Talia, Snow-Bear, Colbert, Either und Ann, Mason, Orpha-Lee, Jacob und ihre Familie.

Weiterhin möchte ich all jenen danken, die mir nach meiner Rückkehr geholfen haben, die Menge der mitgebrachten Informationen zu sichten: Joëlle Ody, Élisabeth Philippe, Christine de Cherisey, Anne de Sales, Marina Ilina, Mathias Colas und Arnaud Valli sowie Pierre Grillet für seine klugen Ratschläge.

Für die Recherchen und die Logistik bin ich Holden Warren und Maïlys Rouillé zu Dank verpflichtet.

Ein Dank geht an all jene, die mir auf meinem Weg ein Bett, ein Sofa, eine Ecke auf dem Teppich oder ein Vordach angeboten haben. An diejenigen, mit denen ich Fleisch vom Reh, Bison, Bären oder Eichhörnchen geteilt habe. An alle, die mich ihr Universum, ihre Ansichten und Gedanken entdecken ließen.

Die amerikanische Gastfreundschaft ist kein leeres Wort.

Titel der Originalausgabe: *Rencontre hors du temps. John, Lynx, Tod, Mason et les autres …*
Ils ont choisi de vivre libres
Erschienen bei Éditions de La Martinière SA, Paris 2011
Copyright © 2011 Éditions de La Martinière SA, Paris, Frankreich

Layoutkonzept: Valérie Gautier

3. Auflage
Deutsche Erstausgabe
Copyright © 2012 von dem Knesebeck GmbH & Co. Verlag KG, München
Ein Unternehmen der La Martinière Groupe

Gestaltung: Fabian Arnet, Knesebeck Verlag

Satz: satz & repro Grieb, München
Herstellung: VerlagsService Dr. Helmut Neuberger & Karl Schaumann GmbH, Heimstetten
Printed in China

ISBN 978-3-86873-457-7

Alle Rechte vorbehalten, auch auszugsweise.

www.knesebeck-verlag.de